GABRIEL DURAND

SA VOCATION. — SON APOSTOLAT

GABRIEL DURAND

NÉ A LUNEL

élevé dans les Séminaires du diocèse de Nimes

MIS A MORT AU THIBET, EN HAINE DE LA FOI

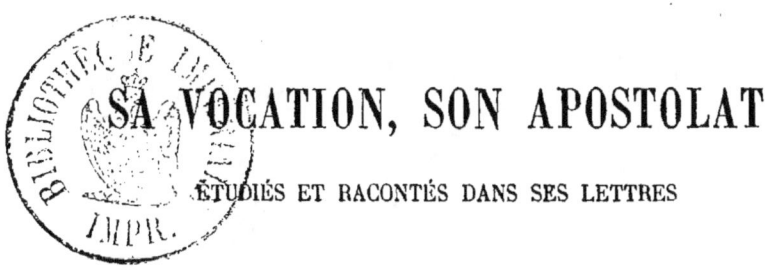

SA VOCATION, SON APOSTOLAT

ÉTUDIÉS ET RACONTÉS DANS SES LETTRES

PAR

L'abbé PROUVÈZE

Vicaire du Chapitre, et Professeur à la Maîtrise de la Cathédrale de Nimes

NIMES

LOUIS BEDOT, LIBRAIRE-ÉDITEUR

RUE DE LA MADELEINE, PRÈS LA CATHÉDRALE

—

1866

A MONSEIGNEUR PLANTIER

ÉVÊQUE DE NIMES

MONSEIGNEUR,

Je viens de mettre la dernière main à mon humble travail biographique, dont Pierre-Gabriel-Marie Durand est le sujet. Plus d'une raison commandait à mon inexpérience littéraire de ne pas prétendre à l'honneur de le dédier à Votre Grandeur ; mais, plus impérieux, le mérite de mon héros m'a paru exiger le contraire ; une dédicace d'ailleurs sera un moyen de payer à Votre Grandeur la dette de reconnaissance et de justice que les amis de l'abbé Durand ont contractée vis-à-vis d'Elle.

Il ne nous sera jamais permis de l'oublier, Monseigneur ; c'est à vous que nous devrons toujours de connaître plus complètement notre glorieux ami.

Les honneurs, dont Votre Grandeur a pris l'initiative, et qui couronneront à jamais la tombe de Gabriel Durand, nous ont imposé la douce mission de manifester de lui tout ce que notre amitié pouvait en connaître : nous l'avons étudié dans nos souvenirs ; nous l'avons étudié dans sa correspondance, et il s'est fait de notre ami une révélation véritable ; chacune de ses lettres nous l'a montré plus grand.

Nous avions connu en lui des apparences toujours jeunes : elles n'étaient que le voile d'une maturité de vieillard ; sous les aimables allures de sa gaîté bruyante se cachait une vertu dont l'humilité et la générosité furent toujours le double fondement; en le suivant dans les vicissitudes de ses jours, vous auriez affirmé l'inconstance de son âme, et dans ses lettres pourtant, sa vie apparaît tellement une que l'on est tenté de se dire : le martyre était le couronnement obligé d'une vie qui n'a été en réalité qu'une permanente préparation à cette héroïque mort.

Monseigneur, s'il vous offre ce travail, celui qui en est l'auteur espère s'abriter à l'ombre de son héros ; en excitant votre admiration, Gabriel Durand me méritera votre indulgence. Souffrez donc que je dépose à vos pieds ces pages simples et modestes : notre ami y est peint par lui-même beaucoup plus que par moi. Veuillez les bénir, et accorder à celui qui prend la liberté de vous les présenter la faveur d'y joindre l'hommage de la vive admiration, et du respectueux dévoûment avec lequel il ose se dire,

de Votre Grandeur,

le très-humble et très-obéissant serviteur.

L'Abbé PROUVÈZE

LETTRE

DE SA GRANDEUR MONSEIGNEUR PLANTIER

A L'AUTEUR.

Nimes, le 2 septembre 1866.

Dans son admirable sermon pour la fête de l'*Epiphanie*, Fénelon dit, mon cher Abbé, en parlant de la maison des *Missions étrangères,* que, de son sein, « sortent les hommes par qui les restes de la gentilité entendent la Bonne Nouvelle. » Cette gloire, qui lui appartient encore, est cependant partagée par d'autres institutions; Dieu s'est plu, dans ces derniers temps, à multiplier les sources du grand Apostolat, précisément sans doute parce qu'on avait accusé le Catholicisme d'être devenu stérile à force d'avoir vieilli. Mais ce qui semble être échu, comme son patrimoine distinctif, à la société des *Missions étrangères*, c'est d'avoir à porter l'Evangile sur les points du globe qui doivent lui opposer le plus de résistance, et d'être appelée à se mesurer, plus que toute autre, de nos jours, avec les persécutions et le martyre. On n'a, pour s'en convaincre avec une émouvante évidence, qu'à visiter le vaste reliquaire où sont réunies, avec les instruments de leurs tortures les dépouilles de ceux de ses prêtres qui sont tombés en héros sous le fer ou le rotin de ces gouvernements et de ces peuples que Fénelon nommait les *restes de la gentilité*. C'est devant ces trophées à la fois sublimes et redoutables que les Élèves de ce Séminaire font leur noviciat; il faut qu'au sortir de ce contact, ils soient brûlés, comme leurs aînés, par la soif de mourir pour Jésus-Christ et pour les âmes.

Vocation merveilleuse, mais dont Dieu seul peut être l'auteur. Quand il en a déposé l'étincelle dans un cœur, il doit être beau d'en suivre le mouvement et le progrès à travers l'épanouissement de la vie et sous l'action croissante de la grâce. Entre la première aube qui fait entrevoir à l'adolescent le Calvaire dans un lointain profond, et le moment où le martyr y monte en triomphateur, que d'alternatives, de vicissitudes, de luttes, de ruptures, d'immolations pleines d'enseignements et d'intérêt ! Je vous félicite, mon cher Abbé, de nous avoir dévoilé cette histoire intime de votre glorieux ami, GABRIEL DURAND. Cette révélation, faite à son insu par lui-même, jettera un nouveau lustre sur sa mémoire. Elle apprendra ensuite aux jeunes Elèves de nos Séminaires comment on se rend digne de devenir Apôtre et Martyr. Heureux nos établissements d'éducation si, après ce noble exemple, il leur est encore donné de faire éclore quelques-unes de ces vocations généreuses ! Heureux mon épiscopat à moi-même si, une fois de plus, je vois quelqu'un de mes fils spirituels aller verser son sang au pied de l'Hymalaya ou sur les bords inhospitaliers de la Corée ou du Japon !

Croyez, mon cher Abbé, à mes sentiments les plus affectueux.

† HENRI, Evêque de Nimes.

PREMIÈRE PARTIE

LA VOCATION DE GABRIEL DURAND

I

Gabriel Durand. — Petit-Séminaire

PIERRE-GABRIEL-MARIE DURAND, Missionnaire apostolique de la maison des Missions étrangères, mis à mort au Thibet, en haine de la foi, était né à Lunel, dans le diocèse de Montpellier (Hérault), le 31 janvier de l'année 1835.

Sa mère, Anne-Adélaïde Cony, femme éminemment chrétienne, d'une vertu longtemps éprouvée au creuset des souffrances, lui inspira de bonne heure l'amour de la religion catholique, et son père, Jean-Marie Durand, président de la conférence de Saint-Vincent-de-Paul, n'eut pas d'autre ambition que de servir de modèle à son fils dans la voie de la charité.

Le jeune Gabriel n'avait que sept ans lorsqu'il fut envoyé à l'école des bons Frères de la doctrine chrétienne, et déjà, aux saillies de sa précoce intelligence et à la pétulance de son caractère, l'on devina cette nature ardente, patiente à la peine, aventureuse, si bien faite pour être comme le sol où Dieu devait jeter et féconder un jour le germe de la vocation apostolique. Rien, cependant, dans la piété de Gabriel ne laissait soupçonner une si précieuse grâce, et sa première communion elle-même, à laquelle il se disposa pourtant avec ardeur, ne laissa d'abord presque point de trace du passage de Dieu dans son âme ; loin de là : à mesure qu'il grandissait, sa famille le voyait, en tremblant, devenir plus impétueux, dissipé, indocile, et la passion du jeu se présenta chez lui avec des symptômes alarmants; la pêche et la chasse surtout dévorèrent souvent les heures que Gabriel devait consacrer à l'étude, et plus d'une fois faillirent lui devenir fatales.

L'avenir qui lui était réservé peut seul expliquer comment la main de la Providence s'obstina quelquefois à le garder contre ses propres témérités. Un jour entre mille autres, Gabriel, avec quelques étourdis de son âge, était dans une maison de campagne ; un vieux fusil, couvert de rouille, tombe sous ses yeux ; s'en saisir, le mettre aux mains d'un de ses amis, proposer sa propre main pour but et insister fortement pour qu'on laisse tomber la détente, fut l'affaire d'un instant: « Il voulait, disait-il, éprouver la commotion qu'imprimerait à l'air l'éclat d'une capsule, » qu'il avait lui-même placée au fusil. La capsule n'éclata pas ; trois ou quatre tentatives furent faites encore, dans les mêmes conditions, avec cette différence qu'au lieu de sa main, Gabriel posa ses lèvres à l'extrémité du fusil, et toujours le fusil sembla mettre une intelligente opiniâtreté à contrarier les désirs de l'enfant imprudent; à la fin, impatient de tous ces insuccès, Gabriel prend lui-même l'arme indocile, dispose sa dernière capsule, visé à un je ne sais quoi qui était appendu à la cheminée; au même instant une détonation formidable éclate; la cheminée fracassée s'écroule, et nos jeunes étourdis restent sains et saufs, mais immobiles, pâles et tremblants de frayeur. A quatorze ans, Gabriel s'exposait aux périls de l'âme plus imprudemment peut-être qu'il ne bravait ceux du corps, et, sans la vigilance sévère de ses parents, les mauvaises compagnies n'auraient pas tardé de l'entraîner au précipice.

Inquiets de ces tristes présages, M. et Mme Durand comprirent que le moment était venu d'arracher de force leur fils à ces périls de toutes sortes qu'il affrontait avec tant de témérité, et dans lesquels il ne pouvait manquer de périr bientôt, peut-être pour toujours. Sur les indications d'un ami, ils prirent le parti de l'envoyer au Petit-Séminaire de Beaucaire, dans le diocèse de Nimes, pour y continuer les études de latinité qu'il avait commencées au collége de Lunel. A la première proposition qui lui en fut faite, le jeune Gabriel, étonné, regarda son père : « Mais ... lui dit-il, auriez-vous par hasard la pensée de faire de moi un curé? — Non, mon fils, lui fut-il répondu. — Ah! à la bonne heure ! car vous perdriez votre temps et dépenseriez inutilement votre argent..... Regardez-moi, je n'ai rien de ce qu'il faut pour faire un curé. » — Il avait raison, mais Gabriel ignorait alors, et son père l'ignorait avec lui, ce qu'une lettre nous a révélé plus tard ; à partir de ce moment, Gabriel appartenait à Dieu ; sa mère, comme une autre Monique, lui en faisait don, et, le 25 janvier 1849, anniversaire de la conversion de saint Paul, jour mémorable de l'entrée de Gabriel au Petit-Séminaire, Anne-Adélaïde Cony disait à Dieu : «Je vous le donne, mais changez-le moi. » Dieu le reçut et le changea : il le changea par la vocation à l'Apostolat. Au seuil du Petit-Séminaire, Gabriel sembla rencontrer Dieu qui lui dit : « Viens, tu me suivras, » et cette parole intérieure fut comme le germe de sa vocation.

Le Petit-Séminaire, cette maison mystérieuse et sainte, qui abrite nos premières aspirations vers le sacerdoce, dont le séjour est plein de grâces, et le souvenir comme un parfum qui embaume et rafraîchit toute une vie, le Petit-Séminaire est partout une maison de science, d'éducation, de vertu. Mais, à Beaucaire, il est surtout une famille : au moment où Gabriel en franchissait le seuil, le dévoûment qui nous y recevait était exceptionnellement paternel ; les maîtres étaient nos amis et nos frères, et, lorsque, après dix, quinze, vingt années d'absence, nous pouvons les y revoir, à leur sourire et à la bienveillance de leur accueil, il est aisé de reconnaître que nous sommes encore chez nous quand nous sommes auprès d'eux. Gabriel Durand trouva là comme un nouveau foyer, et il l'aima de toute la vivacité de son âme.

A Beaucaire, le Petit-Séminaire est bâti sur un rocher aride ; dominé par la montagne du Calvaire, il est par elle complètement séparé de la ville ; ses échos, cachés derrière les arbres gigantesques des avenues et des bosquets, répètent, jour et nuit, le bruit du Rhône qui, par delà les jardins, roule ses rapides ondes ; à certaines heures, quand le tumulte se tait dans les deux cités, Beaucaire et Tarascon, qui, tout auprès, sur les bords du fleuve, s'élèvent en face l'une de l'autre, le Petit-Séminaire présente le spectacle d'une des plus majestueuses solitudes, et plus d'une fois, devant ce spectacle, la jeune et ardente imagination de Gabriel s'exalta et rêva ces vastes solitudes qui recèlent encore des idolâtres et des sauvages.

Aimé de tous ses condisciples, parmi les plus pieux il choisit ses confidents ; l'amour des aventures fut l'attrait qui le rapprocha plus spécialement de certains autres, et sa pétulance et sa gaîté firent bientôt de lui le héros de nos jeux et de nos fêtes. D'un commerce toujours égal et toujours agréable, Gabriel avait encore une âme droite, généreuse, capable d'une amitié qui, pour ne pas revêtir des dehors trop tendres et trop affectueux, n'en était ni moins profonde ni moins fidèle ; ses maîtres étaient pour lui l'objet d'un amour filial, et nous l'avons vu, pour ménager à l'un d'eux une agréable surprise, s'enfoncer passionnément dans les âpres aridités d'un livre que l'on décore, sans doute pour en dissimuler les difficultés, du nom plein d'attrait de jardin, mais qui n'est cependant, hélas! que le *Jardin des racines grecques*. Vif, pénétrant et prompt, son esprit permettait à son travail des intermittences qui ne compromirent jamais les brillants succès de ses études, et fournissaient à son caractère les loisirs qui nous valurent parfois de ravissantes fantaisies littéraires, et souvent des espiègleries spirituelles et de bon goût.

Sa piété ne jeta pas un vif éclat, mais elle ne se démentit jamais; dans les promenades pourtant, il se créait spontanément des fatigues excessives, et, l'hiver, par la légèreté de ses vêtements, il se plaisait à affronter la rigueur de la saison. Aux amis qui le gourmandaient de ses imprudences. « Il faut bien, répondait-il, se préparer aux difficultés et aux souffrances de l'Apostolat. »

L'Apostolat, en effet, fut la préoccupation constante de sa pensée et de son cœur, tout le temps que dura son Petit-Séminaire. Que de fois ne lisait-il pas avec avidité les *Annales de la Propagation de la Foi!* Sa conversation roulait fréquemment sur les sauvages et les pauvres idolâtres; il était même, à ce sujet, de la part de ses maîtres et de ses condisciples, l'objet d'ironiques plaisanteries qui en auraient découragé mille autres, mais lui n'avait pas de plus heureuse satisfaction que, lorsqu'il avait pu, d'un mot, d'un signe toujours ravissant d'esprit, nous présenter la pensée de sa vocation sous l'image de quelque chinoiserie ou de quelque sauvage.

Cependant quelle que fût la gaîté de son caractère, il n'était pas rare de remarquer, même au petit-Séminaire, dans les rapports de Gabriel avec Dieu, je ne sais quoi d'inquiet qui ne le quitta jamais, et dont le principe était toujours la conviction que ce qu'il faisait pour Dieu était trop au-dessous de ce qu'il devait faire. Au petit-Séminaire, le souvenir de Gabriel est encore vivant, et, à la nouvelle de la glorieuse mort qui vient de couronner cette jeune vie, nos anciens maîtres, comme nous-mêmes, y ont tressailli de bonheur et de fierté.

Quand l'heure de quitter le Petit-Séminaire de Beaucaire fut venue pour Gabriel, et qu'il eut terminé ses études d'humanités et de réthorique, il comprit la nécessité de traiter sérieusement devant Dieu la grande affaire de sa vocation, et, avec quelques-uns de ses amis, il alla se recueillir au monastère de la Trappe (Aiguebelle-Drôme).

Nous étions au mois d'août de l'année 1853. A son retour, plus profondément convaincu de l'appel de Dieu, Gabriel décida qu'il suivrait ses condisciples au Grand-Séminaire de Nimes, afin d'y étudier la philosophie, et d'y mûrir davantage sa vocation dans la réflexion et la prière; résolu qu'il était de partir avant de s'engager dans les Ordres, et même de recevoir la tonsure, il lui parut inutile de se faire admettre au Grand-Séminaire de Montpellier.

II

L'Abbé Durand. — Grand-Séminaire

C'est au Grand-Séminaire de Nimes, où il entra au mois d'octobre de la même année, que Gabriel Durand, sous des dehors jeunes encore, devint homme; mieux que cela, devint prêtre par les habitudes saintes et les vertus avant de l'être par le caractère sacré.

« Pour vous faire connaître et admirer votre fils, écrivait au père de Gabriel, M. Rivière, directeur au Grand-Séminaire, il n'est pas nécessaire d'avoir recours aux confidences intimes de la direction; il me suffit d'être, auprès de vous, l'interprète de M. le Supérieur et de MM. les Directeurs, mes collègues. Tous s'accordent à dire que votre fils s'est transformé; il s'est donné à la vertu et à la piété avec toute l'ardeur de son caractère, et, comme de l'aveu de tous ceux qui le connaissent, cette ardeur est peu commune, il ne pouvait en résulter que des progrès rapides ; votre fils est véritablement dans la voie de la sainteté, et les dispositions que je lui connais m'assurent qu'il y marchera toujours. Quant à ses talents, ils ne font doute pour personne ; c'était incontestablement un de nos élèves les plus distingués. » Ses études de philosophie et de théologie furent en effet très-brillantes, et les ordinations servirent à Gabriel comme d'autant de degrés qui marquèrent les transformations de sa vertu.

Le lendemain du jour où il avait revêtu la soutane, et reçu la tonsure, Gabriel écrivait à sa famille : « Il me serait impossible de vous dire l'impression que j'éprouvai lorsque le Pontife, me coupant les cheveux en forme de croix, prononça sur ma tête ces magnifiqués paroles : *Dominus pars hœreditatis meœ et calicis mei ; tu es qui restitues hœreditatem meam mihi*. Je fus en même temps saisi d'un sentiment d'abnégation et de mépris pour toutes les choses de ce monde, et je promis au Seigneur de le regarder désormais lui seul comme mon héritage et ma récompense, d'embrasser avec joie toutes les souffrances qu'il voudrait m'envoyer, de boire ce calice d'amertume, préparé pour ceux qui veulent marcher sur les traces du Sauveur. Daigne, ce bon Maître, m'accorder la fermeté et le courage, pour marcher droit dans ce chemin bordé de ronces et d'épines qui s'ouvre devant moi ! »

Son zèle, de bonne heure, ne laissa jamais passer une occasion de se manifester. « Je viens de former avec quelques-uns de mes amis, une association dont le but est d'apprendre, d'expliquer et de commenter les épîtres de saint Paul ; comme il y a dans ces épîtres de très-belles considérations sur la charité, il m'est venu à l'esprit de faire part aux Messieurs de la conférence de Saint-Vincent-de-Paul, pendant les vacances, du fruit de notre petit travail. » Apprenait-il la nouvelle de la nomination de M. Beaudassé à la cure de Lunel, le jeune séminariste en était rempli de joie, et, oubliant qu'il écrivait à celui-là même qui lui donnait, depuis son berceau, l'exemple d'une charité infatigable, il se permettait de lui dire : « C'est le moment de rallumer votre zèle, puisque la Providence vous envoie un Prêtre disposé à vous seconder de tout son pouvoir. Dieu ne permet pas qu'elle disparaisse et s'éteigne, cette œuvre magnifique, depuis si longtemps établie dans notre ville, et soutenue contre tous les obstacles par l'ardeur de votre charité. Courage donc ! vous êtes appelé à faire du bien dans Lunel ; recrutez des membres, faites passer dans leur cœur le feu de cet amour qui vous anime vous-même à l'égard des pauvres, et, bientôt, notre conférence sera non seulement digne de ses sœurs, mais pourra leur servir de modèle.»

Le jour où l'abbé Gabriel avait été promu aux Ordres mineurs, il eut la consolation, avec trois de ses confrères, de préparer immédiatement à la première communion les enfants de la paroisse Saint-Paul ; les moments passés au milieu de ces enfants avaient été si délicieux pour lui, que, dans une lettre à sa famille, passant sous silence les impressions de l'ordination même, le catéchiste seul se manifesta : « Après avoir excité nos chers enfants à la contrition, dans une instruction commune, nous les préparâmes, chacun en particulier, à recevoir l'absolution ; il était bien touchant de voir ses enfants émus, les yeux pleins de larmes, sortir de nos bras pour aller tomber aux pieds de leur confesseur. De toutes mes fonctions de catéchiste, celle-ci a été la plus douce et la plus consolante. »

L'ordination au sous-diaconat mit plus particulièrement à jour sa vertu d'humilité et la générosité de son âme. « Me voici arrivé au moment solennel qui doit irrévocablement me fixer dans la carrière sacerdotale. Jusqu'ici il m'a été permis de choisir entre le sanctuaire et la société ; l'Eglise m'arrête aujourd'hui ; elle me demande si je veux, sans retour, m'engager à son service par un serment de chasteté perpétuelle, si je me crois assez de force pour renoncer à tout lien terrestre et ensevelir, en quelque sorte, mon corps, dès cette vie, afin de ne plus vivre que pour Notre Seigneur Jésus. Vous comprenez, mes chers parents, toute la gravité d'une proposition pareille, et l'effroi qu'elle doit inspirer à celui à qui elle s'adresse.

» J'avoue sincèrement qu'à n'écouter que mes propres inspirations, je ne me résoudrais pas à prendre la responsabilité d'un acte aussi solennel, et à accepter un Ordre pour lequel je sens trop ma profonde indignité. Une pensée me rassure pourtant ; c'est que Dieu se plaît souvent à choisir, parmi les plus ingrats et les plus misérables serviteurs, des instruments pour publier son évangile et sauver des âmes. Sa divine providence, m'arrachant au monde et à ses périls, a transformé mes goûts et mes inclinations, et m'a mis au cœur un désir sincère de procurer sa gloire et de faire mon salut, je me soumets avec tremblement sans doute, mais, je l'ose dire, avec générosité ; me voici prêt à accepter la mission qu'il lui plaira de me confier ; quelque pénible qu'elle soit, je l'embrasserai avec amour, et plus elle sera rude et difficile, plus grand sera mon bonheur, parce qu'elle sera plus conforme à celle de Notre Seigneur Jésus-Christ. »

Avec sa famille, cependant, pour ne pas manifester avant l'heure le secret de son avenir, l'abbé Durand n'avait pas la liberté d'un épanchement plein et entier : il est bien plus admirable quand il verse son âme dans le cœur d'un ami : « Ah! mon cher ami, si le bon Dieu ne me pressait en quelque sorte d'entrer dans cette voie redoutable et sublime, je dirai plus, s'il n'ouvrait pas devant moi la perspective d'un avenir plein de travaux et de sacrifices, et peut-être sanctifié par l'effusion de mon sang, je l'avoue sincèrement, je ne me résoudrais jamais à faire ce pas décisif et irrévocable vers le sanctuaire ; mais cet attrait pour la vie apostolique qu'il a daigné, dans son infinie miséricorde, mettre en mon cœur, cet amour pour le sacrifice et le martyre que j'ai toujours senti au fond de mon âme, au milieu même de mes plus déplorables égarements, me paraissent être une marque non équivoque de sa sainte volonté. Ce n'est point la chair ni le sang, ce n'est point l'ambition; ce n'est point la cupidité, ce n'est point l'orgueil qui me font entendre leurs voix à cette heure solennelle, c'est l'amour de la gloire de Dieu et du salut des âmes. Tu me trouveras téméraire peut-être de me prêter une si grande pureté d'intention; mais je ne crois point l'être; je sais que je suis le plus misérable et le plus indigne des serviteurs de Dieu; je sais que mes péchés sont sans nombre et que, loin de prétendre m'élever de moi-même aux Ordres sacrés, je devrais plutôt aller m'ensevelir dans le fond des déserts; mais je sais aussi que mon cœur, en aspirant au sous-diaconat, aspire à l'abnégation, aux souffrances, aux périls, à la mort, et tout cela pour le salut des âmes et la prédication de la croix de mon Sauveur. »

Et il réclame ensuite de son ami le secours incessant de sa prière pour que ce premier sacrifice soit comme les prémices de cette vie de souffrances et de travaux que le bon Dieu lui prépare dans la carrière des Apôtres et peut-être des Martyrs.

« Dieu soit béni! écrivait-il au même, quelques jours après, je suis sous-diacre!... Samedi je fis ce pas redoutable qui a été, tant de fois, l'objet de mes méditations, comme aussi de mes craintes et de mes frayeurs. Une barrière infranchissable me sépare à jamais du monde et de ses vanités; un lien éternel m'attache à Jésus-Christ et à son Eglise. Le fardeau est bien lourd pour des épaules aussi faibles que les miennes, mais le bréviaire sera ma force; avec lui, je puis braver les dangers du monde et les tentations du démon; avec lui, je puis porter cette croix que le divin Maître a daigné mettre sur mes épaules; avec lui, enfin, je puis gravir le Calvaire et mourir victime de mon zèle et de mon dévoûment. Aussi, le Ciel m'en est témoin, je prends la ferme résolution de regarder toujours le saint office comme le moyen infaillible de ma persévérance. Puissé-je toujours le réciter avec la même ferveur qu'aujourd'hui, et en conserver la même estime ! »

Quand il se préparait à l'ordination du diaconat, il faisait en même temps et en secret les préparatifs de son départ pour le Séminaire des Missions étrangères; aussi ne soupirait-il qu'après l'Esprit-Saint, qui est la grâce même de cet Ordre; il ne lui fallait rien moins que cette force divine pour briser les liens si délicats et si forts de la famille, et répondre enfin, par les actes même de la vie, à cette parole qu'il entendait depuis si longtemps, et à laquelle son cœur seul avait pu jusqu'alors répondre.

III

Vocation. — Premier combat

Nous avons fait trop attendre peut-être l'histoire de la vocation de Gabriel, ou plutôt celle des luttes intérieures et terribles que notre ami, pour la suivre, eut à soutenir : la grâce et la nature apparaissent se disputant, dans le cœur de notre ami et celui de ses parents, l'avenir de toute cette jeune vie. Après avoir longtemps combattu dans le secret et les profondeurs de l'âme de Gabriel, la nature avait été vaincue chez lui par la réflexion et la prière d'une part, la lumière et la force de la grâce de l'autre; mais il arriva une heure où la famille déploya toutes ses ressources de prudence et de force humaine, tandis que la grâce marchait en

Gabriel, soutenue par la sagesse et la force divines: aussi la nature fut-elle vaincue, et la grâce remporta-t-elle une complète victoire.

En dépit de son silence et de sa réserve, la vocation de Gabriel n'était pas restée tellement secrète que sa famille n'en eut conçu quelques inquiets soupçons. Elle la traita d'abord de rêverie enthousiaste, et n'en reçut que de bien faibles alarmes. Cependant les préoccupations augmentaient à mesure que l'on approchait du terme : impatient de déchirer le voile qui lui cachait encore l'avenir de son fils, M. Durand s'était informé, auprès de M. le Supérieur du Grand-Séminaire, si Gabriel n'avait point le dessein de partir pour les Missions. Ce fut, pour notre ami, l'heure d'annoncer, d'une manière formelle, franche et sincère, tout ce que les préoccupations paternelles avaient de fondement. Nous étions alors au commencement d'octobre de l'année 1854; après un an complet de séjour au Grand-Séminaire, après de sérieuses et mûres réflexions par conséquent, Gabriel écrivit à son père : « Mon Père, j'ai fait part à mon directeur du projet que je nourris depuis si longtemps ; sa première réponse m'a fait comprendre qu'une telle pensée demandait un examen sérieux, et, sur son invitation, j'ai eu avec lui plus d'une conférence, dans lesquelles j'ai raconté de mon mieux l'origine, les motifs, et la constance de mon projet. En me quittant, ce bon Prêtre m'a promis de s'occuper de moi, et m'a recommandé de prier et de réfléchir. Je l'ai déjà fait autant que je l'ai pu ; je le ferai autant qu'il sera en moi. L'affaire a été communiquée aussi à M. le Supérieur ; désormais je vais laisser agir ; je ne vous annonce pas mon départ pour les Missions, mais la décision de mes Supérieurs sera conforme à la volonté de Dieu, dont ils sont ici-bas les instruments, et elle sera la loi de ma conduite.»

Effrayé du calme et de la résolution de son fils, M. Durand, de propos délibéré, ne voulut pas lutter contre la volonté divine; mais, se mettant en face de sa conscience et de son Dieu, il jugea que son devoir de père l'obligeait d'éprouver jusqu'à la fin la vocation de son fils, et, dès lors, il essaya de lui jeter le doute dans l'âme et le trouble au cœur.

« N'est-il pas vrai, lui écrivait-il en réponse à la lettre précédente, n'est-il pas vrai que tout Missionnaire, avant d'aller évangéliser les sauvages, a déjà évangélisé sa famille par la pratique des vertus qui font les saints ? N'est-il pas vrai aussi que, pendant les vacances, loin de nous donner le consolant spectacle

de ces grandes vertus, tu nous rends témoins et nous affliges de
mille et une misères, qu'il serait trop long d'énumérer, mais qui
dénotent avec évidence que tu n'as pas encore mûri pour les
Missions étrangères? Ton désir est le fait d'une imagination de
vingt ans et d'une tête volcanisée. Si ta mère, plus que moi, est
affligée à ton sujet, c'est moins la douleur d'une séparation qui
l'attriste, que la crainte de te voir faire naufrage, en voulant si
imprudemment entrer dans une voie qu'on ne peut suivre sans
être trois fois saint. Ton père a du cœur, mais il a de la foi :
pour tout au monde, il ne voudrait pas contrarier une si belle
vocation, et ta mère, malgré la vivacité de sa tendresse, trouve-
ra, dans sa piété et sa résignation, le courage de se séparer de
toi pour toujours. « Si cet enfant, dit-elle sans cesse, n'avait pas
un naturel si violent et si léger, je pourrais croire à cette vocation presque au-dessus des forces humaines, et le même Dieu
qui, des douze enfants dont il a voulu que je devinsse mère, m'a
donné le courage d'en voir mourir neuf, me donnerait encore la
force de voir le dixième courir au devant du martyre : mais
non ; si mon fils tel qu'il est s'obstine à partir, j'en mourrai de
chagrin ! »

Les réflexions de son père, dont il ne pouvait désavouer la
justesse, et, par-dessus tout, les appréhensions de sa vertueuse
mère avaient fortement impressionné Gabriel : peut-être aurait-
il été ébranlé s'il n'avait écouté que ses propres pensées, mais le
jeune séminariste alla promptement tout soumettre à celui qui
devait diriger son âme, et voici ce qu'il lui fut répondu : « Votre
père aurait peut-être raison s'il s'agissait d'un départ définitif ;
mais, comme il n'est question que d'éprouver votre vocation, le
moyen le plus efficace est de vous mettre en contact avec des
prêtres qui ont grâces spéciales pour décider des vocations pareilles. Il serait même dangereux pour vous de rester dans le monde,
et vous risqueriez de manquer cette belle carrière, à laquelle
il semble que le bon Dieu vous destine. »

Cette réponse marqua l'heure d'un grand combat dans l'âme
de notre ami : Que faire?... écouter la voix de la nature, si forte
dans la lettre de son père?... Obéir à la voix de Dieu, si claire
sur les lèvres de son ministre?... La lutte fut violente, mais elle
fut courte. Le père était trop religieux pour balancer dans le
choix et le fils devait hésiter moins encore. « Non, non, répon-
dit-il à son père, la foi vive qui vous anime vous inspirera que,

2

pour la gloire de Dieu et le bonheur de votre fils, vous devez immoler vos désirs et votre affection; n'essayez plus, je vous en conjure, de m'arrêter davantage, et, comme vous avez pour votre fils un véritable et ardent amour, vous lui accorderez d'aller souffrir, combattre et mourir, s'il le faut, pour le Christ et pour son Dieu. »

Un établissement nouveau venait de se fonder à Gênes; les jeunes gens qui se sentaient le courage d'aller évangéliser les nations étrangères y étaient admis gratuitement, et se préparaient aux Missions, pourvu que, d'ailleurs, on reconnût que Dieu les appelait. Cet établissement réalisait parfaitement les intentions de notre ami; le Supérieur général des Lazaristes, sous la direction duquel se trouvait la maison de Gênes, fut immédiatement consulté et l'on décida que Gabriel Durand y entrerait au mois d'octobre suivant de l'année 1855.

Toute chrétienne que fût la résignation de sa famille, Gabriel n'ignorait pas le coup terrible qu'une pareille détermination allait lui porter, et son cœur ne négligea rien pour la lui adoucir. « Je pense, écrivit-il à son père, que vous ne désapprouverez pas des démarches faites ou conseillées par un homme aussi prudent et aussi éclairé que l'est mon Directeur. Vous me louerez, au contraire, de suivre en tout ses conseils dans une entreprise qui réclame une pleine et entière soumission. » Connaissant aussi toute la tristesse et l'affliction dans laquelle il jetait sa mère, ce cher enfant essaya de la consoler et lui écrivit cette admirable lettre :

« MA MÈRE,

» Si j'avais à parler, en cette circonstance, à une mère ordinaire, il me serait difficile d'adoucir sa peine et d'arrêter ses larmes; mais, comme celle à qui je m'adresse, est surtout une mère chrétienne, je suis persuadé que la voix de la religion suffira pour lui rendre la joie et la tranquillité. Pourquoi vous affliger, ma mère? Pourquoi verser des pleurs? Avez-vous oublié cette générosité et ce courage exemplaire que vous avez toujours fait paraître au milieu des plus rudes épreuves? Après tous les sacrifices qu'il a plu à Dieu de vous demander et que vous lui avez toujours offerts de bon cœur, voudriez-vous lui refuser celui qu'il exige aujourd'hui? Aux yeux du monde, c'est un sacrifice bien pénible et bien douloureux, mais, à ceux de la religion, il est si doux et si consolant! Quel exemple! Une mère sacrifiant son fils, et un fils se séparant de sa mère pour la gloire de Dieu et le salut des âmes!... Si Dieu doit tenir compte d'un verre d'eau froide donné en son nom, quelle ne sera pas la récompense et de ce fils et de cette mère!... Les mères chrétiennes, aux jours des persécutions, ne pleuraient pas sur leurs fils traînés au supplice ; elles les encourageaient, elles se réjouissaient, et leur héroïsme se faisait gloire de cette mort pour Jésus-Christ; comme elles, ma mère, vous avez un cœur plein de dévoûment et de foi ; imitez-les et songez que votre fils, s'il répond à sa vocation sublime, sera votre plus beau titre de gloire. »

L'abbé Durand, qui venait d'être tonsuré, partit bientôt pour les vacances; ses parents, malgré leur résignation, ne manquèrent pas de lui susciter bientôt des tracasseries; Gabriel s'y attendait; il était décidé d'avance à n'en tenir aucun compte, et à les endurer comme des épreuves. Mais ces tracasseries se changèrent en démarches sérieuses, qui, à leur tour, ne tardèrent pas d'aboutir à un refus formel de consentement. Le terrain gagné dans la lutte n'était pas complètement perdu ; tout en restant, ou du moins en paraissant rester convaincu de cette vocation, on prétendait seulement imposer un délai ; voici quelles en étaient les raisons avouées ; l'unique et la véritable était de gagner du temps et de décourager Gabriel.

« Il m'est évident, disait M. Durand, que mon fils n'est pas mûr pour les Missions, et ma conscience ne me permet pas de le laisser partir ; s'il part d'ailleurs, sa mère en mourra ; un délai de quelques années, jusqu'à la fin de ses études théologiques, par exemple, est sans inconvénient pour sa vocation ; j'exige donc qu'il finisse ses études au Grand-Séminaire, et je refuse mon consentement à son départ pour Gênes. » Un prêtre de ses amis aida le père de son influence, et l'abbé Durand, ébranlé, après avoir auparavant consulté le confident des secrets de son âme, consentit à ajourner la réalisation de son dessein; il donna encore cette satisfaction, raisonnable d'ailleurs, à sa famille, et revint au Séminaire de Nîmes, au mois d'octobre 1855.

IV

Vocation. — Deuxième Combat

Deux ans s'écoulèrent dans le silence; sans être complètement rassurés, le père et la mère de Gabriel avaient quelques espérances. Mais, si Gabriel n'avait pas parlé de sa vocation aux hommes, il s'en était entretenu avec Dieu et avec lui-même. Quand il crut l'heure de la grâce venue, il recommença la lutte ; cette fois la lutte fut implacable. Dès le mois de février, 1857, l'abbé Durand avait sollicité de M. Albran, supérieur du Séminaire des Missions étrangères, quelques conseils sur la meilleure manière de réaliser son dessein. Cet homme de Dieu fut d'avis qu'il était temps de ne plus s'exposer à des difficultés nouvelles : « Nous vous conseillons, écrivait-il, de vous rendre, avec la permission de votre directeur et de votre supérieur, auprès de nous, immédiatement après l'année scolaire, que vous soyez ou non appelé au diaconat. »

Ce conseil fut pour l'abbé Durand comme un oracle ; depuis le mois de janvier 1857, il avait renoncé à l'établissement de Gênes, parce que, nouvellement fondée, cette maison lui offrait moins d'avantages que celle de Paris; d'ailleurs, au Séminaire de Paris, se trouvait alors un ancien ami d'études qu'il avait connu à Beaucaire, M. l'abbé Triaire, de Sumène (Gard), [1] qui devait s'embarquer à la Trinité prochaine, et sur lequel l'abbé Durand comptait beaucoup pour être initié à l'esprit de la maison.

Notre futur apôtre se prépara par la prière à la lutte décisive qu'il était sur le point de livrer. Le 28 février, il écrivait à l'abbé

---

[1] L'Abbé Henri Triaire était né à Sumène (Gard). Il avait commencé ses études au collége Saint-Stanislas (Nimes), et les termina au Petit-Séminaire de Beaucaire. Quand ses études théologiques furent achevées au Séminaire des Missions étrangères, l'Abbé Triaire fut désigné pour la Mission du Camboge et partit de Bordeaux dans le mois de septembre de l'an 1857. Après avoir successivement séjourné à Batavia, dans l'île de Java, où il put se livrer aux fonctions du ministère apostolique à l'égard des malades dans les hôpitaux, à Singapour, d'où il écrivit à M. l'Abbé Durand, et à Bang-Koq, capitale du royaume de Siam, l'Abbé Triaire arriva, au commencement de janvier 1859,

Farnarier, son ami intime, alors au Séminaire de Montpellier :
« J'espère qu'avec le secours de Dieu, et l'aide de tes prières, les
obstacles vont s'aplanir et les vues de Dieu se réaliseront sur son
indigne serviteur ; ne m'oublie pas, cher ami ; la position où je
me trouve est bien solennelle : d'un côté, le sous-diaconat dont
l'impression en moi est encore toute récente ; d'un autre, le diaconat qui approche et qui demande, pour être bien reçu, des dispositions et une ferveur que je suis bien loin d'avoir ; enfin
devant moi, une carrière sublime, sans pareille dans le Saint-
Ministère, et pour laquelle il faut les vertus d'un apôtre et le
courage d'un martyr. Tout cela sollicite de ta part des prières
bien ferventes. »

Le jour de la grande révélation, comme il l'appelait avec ses
amis, arriva, et, le 8 mars, 1857, M. Durand recevait de son
fils la lettre suivante :

« MON PÈRE, MA MÈRE,

» Vouloir entraver les desseins de Dieu, lorsqu'il les manifeste
d'une manière si évidente, c'est outrager sa Providence, et se
donner peine inutile. Depuis longtemps, vous le savez, je ne sou-
pire plus que vers la carrière apostolique.... A partir du jour
mille fois béni où le Dieu des miséricordes mit dans mon cœur
la première étincelle de cette vocation sublime, ma volonté est
demeurée fidèle à cette inclination de la grâce. Vous connaissez
la légèreté et l'inconstance de mon caractère, vous savez combien,
prompt à m'enthousiasmer, je me dégoûte rapidement de ce
qui, un moment avant, captivait toutes mes affections ; la preuve
palpable de ma vocation, c'est sa constance.

---

dans sa mission du Laos septentrional qui était encore sans ouvriers évangéliques.
« C'est bien là ce qu'il faut à l'Abbé Triaire, écrivait l'Abbé Durand à l'Abbé Besson,
curé de Durfort (Gard), le 8 mai 1858 ; c'est bien là ce qu'il faudrait à *quelqu'un* que
je connais en particulier. »
Il était à peine entré dans la capitale de la province, qu'une fièvre terrible l'atteignit ;
il en mourut dans la nuit du 8 janvier 1859. Ses dépouilles mortelles reposent près de
Meioung-Nan, capitale du Laos septentrional. L'Abbé Aussoleil, qui l'assista dans ses
derniers moments, résume dans ces mots la vie apostolique de l'Abbé Triaire : « Qui
sait ?... Nous ne convertirons peut-être pas une seule âme, mais cela ne diminuera pas
nos mérites ; faisons ce que nous pouvons ; Dieu ne nous demandera pas compte du
succès. »

» Certes les épreuves ne lui ont pas manqué : de votre part, contradictions sans nombre; de la part du monde et du démon, tentations séduisantes ; tout est demeuré inutile, et le moment est venu de vous dire enfin ma pensée. Je suis fermement résolu de partir aux environs des fêtes de Pâques, sur l'avis de mon directeur, et selon que je l'ai annoncé au Supérieur du Séminaire des Missions étrangères. Je n'ai nullement le dessein de vous ravir et de me ravir à moi-même la dernière consolation que je puis accorder, celle de nous embrasser une dernière fois. Toutefois, si vous appréhendiez pour ma mère des déchirements trop violents, et que vous jugiez cette entrevue inopportune et dangereuse, dites-le moi franchement.

» Permettez-moi, mon Père, de ne pas m'attacher à réfuter les raisons par lesquelles vous avez plusieurs fois essayé de me dissuader ; elles sont pour la plupart tout-à-fait hypothétiques ou exagérées, et ne peuvent, en aucune façon, contrebalancer en moi la volonté de Dieu.

» Je connais trop le cœur généreux de ma mère, et sa disposition à tout souffrir lorsqu'il s'agit de la gloire de Dieu et du salut des âmes, pour supposer qu'elle n'ait pas le courage de se séparer de moi. Loin de se désoler, elle remerciera Dieu et se réjouira de voir son fils, dont les égarements l'ont si souvent attristée dans le passé, choisi maintenant, malgré ses misères, pour être enrôlé sous la bannière des Apôtres. Quant à vous, mon Père, laissez-moi vous en supplier encore : ne résistez pas plus longtemps à votre conscience, qui certainement vous presse de céder à la volonté de Dieu ; dépouillez-vous de toute considération humaine ; fermez l'oreille aux trompeuses suggestions du monde et donnez-moi une prompte réponse : Je dis *prompte*, parce que le temps presse, et j'ai besoin de savoir sans délai le parti qu'il me faut prendre. »

Certes, cette lettre dut rendre toute illusion impossible, et devant la fermeté de cette déclaration, toute résistance était inutile, lorsque pour corroborer la lettre du fils, M. Rivière, directeur au Grand-Séminaire, écrivit au père les lignes qui suivent :

« MONSIEUR,

» L'idée des Missions dans votre cher enfant est une voix intérieure qu'il entend depuis longtemps, et qui parle d'autant plus haut que notre sous-diacre s'approche davantage du sacerdoce. Comment refuser de reconnaître la voix de Dieu même ? Pour moi, je ne pourrais, sans aller contre ma conscience, lui tenir un langage contraire. M. Gabriel voulait partir après ses études de philosophie ; nous l'avons retenu quelques années de plus ; je ne me crois plus permis à présent de lui conseiller de nouveaux délais. »

La conviction que M. Durand attendait sur la vocation de son fils était faite au-dedans de son âme ; il n'avait plus le droit de résister, et il consentit à ce que l'abbé Gabriel, après son ordination du diaconat, quitta le Séminaire et vint au sein de sa famille.

V

Vocation. — Troisième Combat. — Triomphe

Grâce à ce consentement du père, le fils crut tout obstacle vaincu ; il se trompait : en entrant chez lui, l'abbé Durand se trouva en face d'une difficulté nouvelle, inattendue, plus redoutable que toutes les autres, et qui le fit trembler : c'était l'opposition formelle de l'Evêque de Montpellier. Attéré du coup, il en écrit à son directeur : .

« Je soupçonnais bien, depuis quelque temps, une trame secrète, mais je n'aurais jamais cru que Monseigneur de Montpellier rétractât la parole qu'il m'avait donnée, il y a deux ans, par l'entremise d'un de ses grands-vicaires. Ce qui a donné aux démarches de mon père un plein succès, c'est l'appui qu'il a trouvé dans M. Beaudassé, curé de Lunel, vicaire-général et membre du Conseil de l'Evêque. Cette nouvelle me foudroie ; que faire ? Abandonner mes résolutions, et consentir à un délai illimité ? ce serait infailliblement la perte de ma vocation. Ce ne sont pas là les desseins du bon Dieu. Je vais donc recommencer la lutte avec une vigueur nouvelle. Si je ne réussis pas, alors du moins, je serai certain, en me soumettant aux ordres de mon Evêque, de faire la volonté de Celui qui lui a confié le dépôt de l'autorité. »

En même temps qu'il écrivait cette lettre au dépositaire des secrets de son âme, l'abbé Durand consultait le Supérieur des Missions étrangères. Il en reçut cette réponse :

« MON CHER MONSIEUR,

» Votre lettre du 6 courant m'a réjoui, et m'a fait en même temps beaucoup de peine. Je ne sais trop que vous dire ni quel conseil vous donner dans les circonstances présentes : je ne puis vous conseiller le moyen, quoique praticable à la rigueur, que vous m'avez signalé : les moyens violents ne sont pas les nôtres ; je suis d'autant plus porté à faire respecter l'autorité des Evêques, que je désire plus ardemment que l'on ne s'arrête jamais devant les considérations humaines. Je crois, mon cher Monsieur, que le meilleur parti à prendre est celui-là même que vous indiquez : faire de vives instances auprès de Monseigneur. J'ai la confiance que toutes les considérations dont vous saurez les appuyer, toucheront Sa Grandeur et la décideront à vous donner son consentement. S'il en était autrement, il faudrait se soumettre, mais revenir souvent à la charge, parce que tout est promis à la persévérance. Dans le cas où Dieu bénirait vos démarches, il est inutile de vous recommander d'user immédiatement du consentement épiscopal. »

Tandis que le fils se débattait ainsi, au milieu des embarras que lui apportait l'opposition de l'Evêque, le père se crut obligé d'expliquer sa conduite, et il le fit à M. Rivière, en lui écrivant la lettre suivante :

« Lunel, 30 mars 1857.

» MONSIEUR,

» Je sais apprécier à leur juste valeur vos sages conseils à mon fils, dictés par votre conscience. Mais je sais aussi que mon fils, transporté dans cette circonstance par un zèle trop ardent, et aveuglé par le désir d'un départ dont il ne veut pas comprendre les fâcheuses conséquences, ne vous a pas dit toute la vérité quand il a essayé de vous persuader que ce n'était que par pure affection naturelle que ses parents s'opposaient à son départ.

» Si je vous disais que mon cœur de père n'a pas souvent éprouvé de pénibles émotions à l'idée seule de cette séparation, vous auriez de moi une triste opinion ! Ah ! sans doute, j'aime mon fils ! mais je connais aussi mes devoirs de chrétien, et lorsque Dieu m'aura fait comprendre la nécessité du sacrifice qu'il exige de moi, je le lui ferai sans réserve ; il m'en donnera la force.

» Ce n'est pas, Monsieur, que je veuille révoquer en doute vos sages appréciations sur la vocation d'un jeune homme qui, depuis quatre ans, marche pieux et docile sous votre direction.

» Ce qui me désole, c'est de voir mon fils disposé à percer mortellement au cœur une mère depuis longtemps souffrante, au moment même où le Ciel, sensible à nos prières, semblait lui promettre encore quelques années d'existence..... En présence d'une mère qui se meurt, il reste inflexible, on dirait même insensible ; il est prêt à immoler sa mère, si une main invisible ne l'arrête.

» Lié moi-même par un double devoir d'époux et de père, j'ai au cœur une affliction profonde..... Quelle doit être ma conduite entre ces devoirs qui se combattent ? D'un côté, le désir de mon fils parle bien haut à mon cœur de chrétien, et de l'autre, les justes alarmes de sa mère parlent plus haut encore à mon cœur d'époux. »

On le voit, la nature était poussée jusque dans ses derniers retranchements ; mais elle ne faisait aucune concession. La grâce au contraire donnait au fils de saintes hardiesses, lorsqu'enfin elle remporta la victoire, et le 19 avril, l'abbé Gabriel écrivait à M. Rivière.

« Lunel, 19 avril 1857.

« Dieu soit béni ! l'obstacle est brisé. Mes parents sont dans la plus entière et la plus complète résignation ; et je pars lundi prochain pour Paris. Un changement aussi merveilleux et un dénoûment si prompt vous surprendront peut-être ; mais votre surprise va s'accroître en apprenant de quelle manière la divine Providence vient d'aplanir les voies devant mes pas.

» Un premier voyage à Montpellier m'avait paru tout à fait infructueux : Monseigneur était malade et je n'avais pu lui être présenté ; je priai toutefois M. le Secrétaire de vouloir bien demander la bénédiction de Sa Grandeur pour un de ses diocésains qui se proposait d'aller aux Missions étrangères. M. le Secrétaire se chargea de ma commission et me promit sous peu une réponse. Toute sincère qu'elle fût, cette promesse n'était pas de nature à me satisfaire pleinement, mais il fallut s'en contenter et attendre. Mon père s'applaudissait hautement de sa victoire et ne craignait pas de dire que tous mes efforts seraient désormais inutiles.

» Sans désespérer moi-même du succès de mon entreprise, je ne laissais pas de voir une difficulté réelle dans l'opposition de Monseigneur, lorsqu'un de mes amis, alors au Séminaire de Montpellier, m'écrit que j'avais à me rendre en cette ville de la part de M. le Secrétaire pour achever de traiter, par son intermédiaire, l'affaire de mon départ. Quelques heures après, j'étais à Montpellier ; je me rends à l'Evêché, je m'entretiens un instant avec M. le Secrétaire, qui, après quelques questions préliminaires, me demande ce que je désire. Je réponds que, mes intentions étant de partir pour le Séminaire des Missions étrangères, je désirais une permission de Monseigneur à cette fin.

» Ce bon prêtre prend aussitôt la plume, formule une permission, y appose le sceau de l'Evêché, me prie d'attendre quelques instants, revient avec la formule, m'annonce que toutes les formalités sont remplies. J'en croyais à peine mes oreilles ; tremblant je prends ce papier, et, d'un rapide coup d'œil, je lus bien distinctement : *Charles, évêque de Montpellier*. Ce que je fis alors, je ne le sais plus, si ce n'est que je remerciai cent fois peut-être M. le Secrétaire, en accompagnant chacun de mes remercîments d'une profonde révérence ; j'étais dans de véritables transports de jubilation. De retour à Lunel, j'attends l'heure favorable pour annoncer cette nouvelle ; elle s'est présentée. Ma mère n'a plus de doute sur ma vocation ; toute résignée, elle m'a avoué que, dorénavant, je n'avais plus rien à redouter ni de sa part ni de celle de mon père.

» Il ne me reste plus maintenant qu'à admirer la Providence ; elle a merveilleusement tout conduit à ses fins, et, se moquant des artifices de l'homme, elle a changé les obstacles eux-mêmes en instruments de succès.

» Il me reste également à vous remercier, M. le Directeur, de vos bons conseils, de vos prières, de tout ce que vous avez bien voulu faire pour moi dans cette circonstance difficile. Je n'oublierai jamais que, si les voies sont aplanies, et les obstacles levés, c'est à vous que je le dois surtout. Partout où me conduira la volonté de notre divin Maître, votre bon souvenir sera présent à mon esprit et à mon cœur, et, s'il était possible, j'oublierais plutôt ma vocation que les bienfaits signalés dont j'ai à vous témoigner ma gratitude. »

VI

Départ de Lunel. — Séminaire des Missions étrangères

Le jour du départ fut fixé au lundi, 4 mai 1857. Laissons l'abbé Durand raconter lui-même les déchirements des adieux.

« Je ne puis vous en donner une idée plus juste qu'en les comparant à une scène de funérailles. Ma mère, assise dans l'appartement qui devait être témoin de nos derniers embrassements, attendait, les yeux pleins de larmes, le moment où nous allions nous dire adieu pour jamais. Mon père, de son côté, paraissait vivement ému, malgré les préoccupations de son état, et, plusieurs fois même, je le surpris essuyant des larmes. Autour de moi, tout était triste et silencieux. De temps en temps, cette monotonie était interrompue par l'arrivée de quelque parent, de quelque ami, de quelque membre de la conférence de Saint-Vincent-de-Paul, qui voulaient me donner un dernier témoignage de leur attachement et de leur amitié en m'accompagnant jusqu'au lieu de mon départ. On échangeait quelques paroles, mais avec une grande réserve, et comme on a coutume de le faire en présence des personnes qui pleurent un grand deuil. Enfin le moment du grand sacrifice arriva; il fallut se séparer ! Le bonheur que j'éprouvais depuis quelques jours de me voir arrivé au terme de mes désirs et de tout immoler à Notre-Seigneur, aurait contrebalancé peut-être en ce moment les sentiments de la nature, si je n'avais pas vu la douleur de ma mère ; mais ce spectacle déchirant m'attendrit jusqu'aux larmes. Ah ! je me rappellerai toujours cette parole que ma bonne mère prononça en m'embrassant : Adieu ! mon fils ! Elle n'a rien d'extraordinaire, mais elle fut dite avec une expression de tendresse et de douleur si grande qu'elle me brisa le cœur, et que son souvenir seul suffit pour renouveler mon émotion et mes pleurs. Pauvre mère! comme elle a dû pleurer encore après mon départ! mais le bon Dieu, qui lui a donné le courage de me sacrifier, la consolera dans sa douleur. Mon père aussi fut tout ému au moment où je l'embrassai; une sorte de crispation le saisit, il trembla de tous ses membres. Pauvre père! lui aussi regrettera souvent de n'avoir plus son fils auprès de lui !

» Maintenant que mon sacrifice est accompli, et que rien ne m'attache plus à la terre, je remercie Notre-Seigneur de m'avoir donné une liberté qui me permettra désormais de sacrifier ma santé et ma vie, s'il le faut, pour la plus grande gloire de Dieu et le salut des pauvres sauvages. »

Heureux fils ! mais aussi, heureux père! heureuse mère! qui ont été trouvés dignes de donner un prêtre à l'Eglise pour un genre de ministère où Dieu n'admet guère que les parfaits et les saints. Qu'ils sèchent leurs larmes et remercient Dieu l'un et l'autre de l'immense honneur qu'il leur a fait. Le consentement d'un père et d'une mère à une aussi sublime vocation ne peut manquer d'avoir sur les destinées de leur famille une influence bénie, qui se fera sentir peut-être durant un grand nombre de générations. Ce que l'on donne à Dieu n'est pas perdu !

L'abbé Durand partit donc de Lunel le lundi, 4 mai, 1857. Les membres de la conférence de Saint-Vincent-de-Paul assistèrent à son départ ; en lui faisant cortège, ils voulurent sans doute lui donner ce dernier témoignage de leur estime ; mais il leur était impossible aussi de ne pas pressentir qu'ils accompagnaient une grande âme s'en allant au martyre.

En passant par Beaucaire, l'abbé Durand s'arrêta pour aller embrasser ses anciens maîtres du Petit-Séminaire. Il avait dit adieu, quelques jours auparavant, à Messieurs les Directeurs du Grand-Séminaire de Nimes et à ses chers condisciples, ces amis de son cœur, qu'il n'a jamais oubliés, et qui, de leur côté, ne l'ont pas perdu de vue sur les terres lointaines.

Il arriva à Paris, le 8 mai ; quelques jours après, sa plume communiquait à M. Rivière les impressions et l'ineffable bonheur de son âme. — « Dieu soit béni ! Jusqu'ici, mon cœur avait été inquiet parce qu'il ne trouvait pas le lieu de son repos, mais il est heureux maintenant. Tout, dans cette maison, réveille les sympathies de mon âme ; sur le lit où je repose tous les soirs, ont reposé, avant moi, des apôtres et peut-être des martyrs ; ma cellule, la chapelle, le réfectoire me rappellent que de saints Missionnaires m'ont précédé dans cet asile vénérable ; mais l'appartement, ou plutôt le sanctuaire le plus cher à mon cœur, après celui où réside Jésus-Christ, c'est ce que nous appelons la salle des martyrs : c'est là que reposent, dans de grandes et magnifiques châsses, les restes des saints Martyrs de la société ; là aussi sont conservés plusieurs instruments de supplice, qui ont servi au combat suprême de ceux-là même dont nous vénérons les reliques : ce sont des cangues, des cordes, des poteaux, des fragments de chaînes, des sentences de mort gravées en caractères chinois ; il y a surtout un crucifix bien précieux ; il a été porté par un de nos Missionnaires jusqu'au moment de son supplice, et il est encore teint de son sang. Vous dire, M. le Directeur, les sentiments que j'éprouve en approchant mes lèvres de ce Christ ensanglanté, me serait chose impossible ! Mon cœur se dilate et je me sens comme un saint tressaillement en pensant que, moi aussi, je suis appelé peut-être à verser mon sang pour la cause de la foi !.... »

Ce sentiment de bonheur que l'abbé Durand avait éprouvé en entrant pour la première fois au Séminaire des Missions étrangères, ne s'affaiblit pas et « j'espère bien, écrivait-il quelque temps après, qu'avec la grâce de Dieu, ces dispositions se continueront jusqu'au moment où il plaira à mes supérieurs de me désigner le coin de vigne que Notre-Seigneur me destine à défricher. »

Après la première ordination qui suivit son entrée aux Missions étrangères, notre ami racontait les impressions qu'il en avait reçues : « Tous nos diacres ont reçu la prêtrise et n'attendent plus que le départ d'un navire faisant voile pour la Chine ou les Indes ; vous pouvez concevoir aisément tout ce que l'approche d'un pareil départ a de solennel et de touchant, même pour ceux qui ne doivent pas y participer. Nos conversations n'ont pas d'autre objet, et le bonheur de ces apôtres fait autant de jaloux qu'ils laissent de confrères après eux. Un jour viendra où, nous aussi, nous recevrons la bénédiction du Sauveur, et serons envoyés pour annoncer la bonne nouvelle à nos pauvres idolâtres ! C'est là toute notre espérance, toute notre consolation, et ce sera le comble de notre bonheur !! »

Ce zèle qui dévorait l'abbé Durand ne pouvait déjà plus se

laisser emprisonner dans l'enceinte d'un séminaire : donnant l'exemple avec le précepte, il venait atteindre ses amis du midi de la France, qu'il voulait passionner pour l'œuvre de la Propagation de la foi :

« N'y aurait-il pas, parmi vous aussi, de ces cœurs généreux qui se montrent toujours prêts, sinon à verser leur sang pour la cause de la foi, au moins à seconder de leurs aumônes le pauvre Missionnaire. L'œuvre de la Propagation de la foi n'est pas assez comprise : il y a six cent millions d'infidèles qui ne connaissent pas encore le vrai Dieu, qui n'ont pour toute lumière que l'instinct de la brute, et que l'enfer attend comme sa proie. Pourtant ce sont des âmes rachetées au prix du sang de Jésus-Christ ; au jour du jugement, elles élèveront la voix d'une manière terrible contre ceux qui pouvaient leur faciliter la connaissance de l'Evangile et qui auront négligé de le faire. Jésus-Christ leur dira pour ces pauvres peuples : « J'ai eu faim de la vérité, et vous ne m'avez pas voulu rompre le pain de la parole divine ; j'ai eu soif de la sainteté et de la justice, et vous n'avez pas voulu m'ouvrir les sources de la grâce. » Ceci n'est pas une vaine imagination, c'est l'Evangile tout pur. Ayez pitié des pauvres infidèles ! associez-vous tous à la Propagation de la foi ; établissez des dizaines parmi vous ; faites des aumônes à cette intention... On peut, même dans son pays et au sein de sa famille, être missionnaire en quelque sorte ; enrôlez tous les vôtres sous cette sainte bannière. »

❖

VII

Physionomie intime :

PASSION DU SACRIFICE. — ZÈLE ARDENT. — DÉFIANCE DE SOI-MÊME. LIENS DE FAMILLE ET D'AMITIÉ

L'abbé Durand, au Séminaire des Missions étrangères, continua le travail de sainteté qu'il avait déjà tant avancé au Grand-Séminaire de Nîmes. Il est inutile de le faire remarquer : la

saintelé, chez lui, se manifeste toujours avec double caractère :
la générosité du sacrifice et une humilité profonde ; chez lui, la
défiance de soi-même suit les proportions de son zèle : on dirait
que les élans de son amour pour les âmes creusent les profondeurs
de son humilité. Ah ! j'en conviens, en lisant les exigences de
l'ambition qui le dévorait, la nature, dans son père et sa mère, a
dû, plus d'une fois, tressaillir et frissonner ; mais aussi, avoir
donné le jour à un fils si vigoureusement et si généreusement
trempé doit bien être pour eux le sujet d'une fierté légitime
et sainte !

« Je fais tous les jours des efforts pour m'accoutumer à conformer mes désirs à la sainte volonté de Dieu ; mais, parmi tous
les sacrifices que je lui fais, il en est un qui me coûterait beaucoup s'il voulait l'exiger de moi ; ce serait de me faire mourir
avant de m'avoir fait entrer dans la carrière des Apôtres. Oh! oui;
il me semble qu'il me faudrait un grand héroïsme dans la volonté
pour me résigner pleinement à comparaître au tribunal de Dieu
sans avoir rien fait pour sa gloire : je me résignerais sans doute;
ses desseins sont trop pleins de sagesse et de miséricorde, mais
j'avoue que ce serait là le plus grand sacrifice qu'il pût exiger de
son serviteur.... Je puis bien le dire, le sacrifice que j'ai fait à
Dieu de ma famille ne m'a pas encore coûté l'ombre d'un regret;
j'en remercie Dieu du fond de mon cœur. Si vous désirez bien
sincèrement mon salut éternel, priez, mes chers parents, pour
que je conserve jusqu'à la fin ce témoignage intérieur d'une vocation si belle! priez pour que je sois un bon Missionnaire ! sou-
haitez-moi beaucoup de souffrances et une mort bien cruelle !
Ayez ce courage! car c'est me souhaiter le Ciel. Grâces à Dieu !
ce ne sont point les souffrances du Missionnaire qui m'effraient;
je les ai toujours aimées ; j'en ai toujours soif, et, tous les soirs,
en visitant les reliques de nos saints martyrs, j'envie leur sort.
Ce qui m'épouvante, c'est la sublimité du ministère qui m'attend;
c'est le plus grand de tous les ministères et je suis le plus misérable des serviteurs! »

S'il écrit à M. Rivière, l'abbé Durand le conjure au moins de
ne point l'oublier dans ses ferventes prières et surtout au Saint-
Sacrifice. Il se rappelle aussi au souvenir de ses chers amis,
qu'il continue d'aimer comme s'il était encore parmi eux. « Ils
m'ont si bien prouvé combien leur affection pour moi était sincère et profonde! dites-leur que j'ai plus que jamais besoin de

leurs prières ; les vocations à l'état apostolique font ombrage au démon, et ce sont celles-là surtout qu'il s'efforce d'ébranler. Priez tous pour que je sorte victorieux de la lutte, et que, par une généreuse résistance, je rende vains tous les efforts de l'ange des ténèbres! Tous les soirs, mes chers amis, et vous, mon ancien père spirituel, vous avez une place dans mon souvenir, soit auprès de Notre-Seigneur, soit à la salle des Martyrs. »

Dans une autre circonstance, il écrivait à ses amis de Nîmes et toujours pour la même fin : « A mesure que vous approchez du sacerdoce, vos prières acquièrent plus de puissance auprès de Notre-Seigneur et de sa sainte Mère; oh! je vous en conjure, puisque vous m'avez aimé pendant tout le temps que nous sommes restés réunis, continuez-moi votre affection maintenant que nous sommes séparés, et que nous le sommes probablement pour toujours sur la terre; priez pour votre condisciple; le bon Dieu ne résistera pas à vos instances, et il me donnera, en dépit de ma misère, les grâces nécessaires pour remplir dignement ma mission. » — A l'un, il renouvelle la promesse qu'ils se sont faite, en partant, de réciter tous les jours une partie de l'office avec une intention spéciale; c'est la dernière parole d'un autre qu'il conserve précieusement : « Adieu, me disiez-vous en m'embrassant pour la dernière fois, au revoir dans le ciel; — oui, mon bien cher ami, adieu! au revoir dans le ciel! C'est là qu'est notre patrie; ici-bas tout passe; mais dans la vie éternelle, les choses sont plus durables ; nous nous sommes vus quelques moments sur cette terre ; soudainement nous nous sommes séparés ; il ne nous reste plus qu'à nous réunir dans la bienheureuse patrie! » Ceux à qui s'adressaient cette autre parole la pèseront dans la balance de la justice divine, et en feront la grande loi de leur vie : « Le bon Dieu vous a donné beaucoup pour travailler à sa gloire; je suis heureux de penser que vous ferez dans la vigne du Seigneur selon la mesure des dons que vous avez reçus. » L'abbé Durand leur servira de modèle.

A un autre, il écrivait encore : « Le bon Dieu, qui m'a donné le courage de tout quitter pour lui, n'a pas entièrement étouffé en moi la voix de la nature, et le souvenir de notre amitié réveille souvent dans mon cœur les sentiments les plus affectueux et les plus tendres. A cette heure de tes vacances surtout, je me sens emporté tout entier et comme malgré moi vers le plus cher de mes amis. Ce sont là, je le sais, des sentiments dans lesquels il ne m'est plus permis de me complaire, parce que mon cœur appartient tout à Dieu ; après la grâce insigne qu'il m'a faite, je serais bien ingrat de partager mon cœur ; je renouvelle donc le sacrifice de tout ce qui pourrait humainement m'engager à tourner les regards vers mon pays natal, et je veux oublier ses souvenirs, désormais trop flatteurs pour un apôtre qui s'est entièrement donné à Notre-Seigneur.

» Mais il me sera doux et permis d'entretenir avec toi une amitié plus solide : c'est celle des enfants de Dieu, et qui a pour lien la prière ; les âmes les plus dévouées au service du Seigneur peuvent se la permettre ; l'Esprit-Saint nous y invite quand il nous recommande de nous aimer les uns les autres, et de demeurer unis par les liens de la piété ; elle est l'amitié véritable et porte des fruits pour le Ciel. Celle qui nous unit, à raison de nos ingénieuses conventions, sera, je l'espère, précieuse ; deux ecclésiastiques, dans les Ordres sacrés, et, plus tard, deux prêtres récitant l'office tous les samedis afin d'attirer, chacun sur son ami, les bénédictions du Fils par l'entreprise de la Mère, c'est un spectacle bien beau et à la fois bien touchant pour les Anges ! Mais nous ne nous en tiendrons pas là ; pour ma part, je t'avoue que pas une circonstance ne te rappelle à mon esprit sans que je n'élève pour toi mon cœur à Dieu ; rends-moi la pareille ; ne m'oublie pas surtout, le soir, quand tu iras, dans notre église de Lunel, te recueillir aux pieds du Sauveur. Nous étions si bien, lorsque, après tous les délassements du jour, nous y allions ensemble ! Que chacun des membres de ta famille me donne un *Ave Maria*, et prie souvent la bonne Mère sous le nom de Reine des apôtres ! Reine des confesseurs ! Reine des martyrs ! »

En même temps que ces lettres de notre ami mettent au grand jour et sa générosité pour le sacrifice et la défiance qu'il avait de lui-même, elles nous ont manifesté aussi la vivacité et la profondeur de l'amitié qu'il avait pour nous. Voulez-vous mesurer la grandeur du sacrifice qu'il fit en quittant sa famille ? qu'il vous soit permis d'en juger par la situation de son cœur à la nouvelle d'une maladie de sa mère :

« MES CHERS PARENTS,

» La nouvelle de cette maladie inopinée de ma mère m'afflige autant qu'elle me surprend : vous me disiez, il y a quelques jours à peine, que vous vous portiez tous bien ; aujourd'hui vous m'annoncez que ma mère est dans un état alarmant; c'est un vrai coup de foudre. Quoique je sois habitué à ces sortes d'alertes à cause de la faible santé de ma mère, elles me portent toujours un coup terrible, et me jettent dans un état d'abattement qui me rend incapable de rien faire. Pourtant, cette fois mieux que jamais, je me suis résigné à la volonté de Dieu. Je lui ai demandé ardemment, et je lui demanderai encore qu'il conserve la vie à ma mère si sa gloire y est intéressée ; sinon, qu'il abrège ses souffrances par une sainte mort. C'est la disposition de cœur qui, ce me semble, convient le mieux à un aspirant à l'Apostolat. Je sais que dire au bon Dieu que sa volonté s'accomplisse, alors que l'accomplissement de cette volonté serait la mort d'une mère, est une chose bien pénible pour un fils qui aime ; mais, pour qui aime Jésus-Christ, les sacrifices même les plus rebutants pour la nature ont leurs douceurs et leurs consolations. S'il plaît au bon Dieu de rappeler ma mère à la santé, je l'en remercierai du fond du cœur, persuadé que ce sera pour sa plus grande gloire ; si, au contraire, il veut l'appeler à lui pour la récompenser d'une vie pleine de souffrances et de sacrifices, je me souviendrai que Jésus-Christ sur la croix fit, lui aussi, le sacrifice de la plus tendre des mères, et que, de son côté, la sainte Vierge sacrifia le plus tendre des fils. Sans doute, mon sacrifice serait bien douloureux si Notre-Seigneur l'exigeait de son serviteur, mais la pensée que j'aurais un trait de ressemblance de plus avec mon divin Maître me donnerait une grande consolation, et modèrerait l'excès de ma douleur.....

» Pour vous, mon père, si le bon Dieu voulait vous enlever ma mère, il faudrait vous résigner aussi, et dire avec le saint homme Job : Dieu me l'avait donnée, il veut me l'enlever; que son saint nom soit béni! Après tout, cette vie n'est qu'une suite de misères : Bienheureux celui qui saura se faire une couronne de ses tribulations !

» Hier, j'ai intéressé mes confrères à la situation de ma mère ; dites-lui que je l'engage à souffrir cette nouvelle épreuve pour l'amour de Jésus-Christ. Dieu se plaît à éprouver ses saints : des souffrances bien acceptées sont comme des degrés par où l'on monte au ciel : s'il y a du mérite à donner sa vie pour la foi comme les martyrs, il y en a davantage à supporter saintement des souffrances qui durent longtemps. »

VIII

Le gardien de la Salle des Martyrs. — L'Infirmier

Tandis que, par la prière, le sacrifice, l'humilité et la résignation, se perfectionnait dans l'âme de notre ami, le travail de sa sainteté, deux fonctions extérieures furent confiées à son zèle dans le Séminaire des Missions étrangères. Il ne sera pas sans intérêt de connaître par lui-même comment il les a remplies.

« Mes chers Parents,

» Puisque vous ne voulez pas de l'avenir, écrivait-il à sa famille qui se plaignait un jour à l'abbé Gabriel de ses aspirations au martyre, je me bornerai à ne parler que du présent. Vous me pardonnerez bien cependant si je laisse échapper quelque sentiment ayant trait à la vie apostolique : mon cœur en est trop plein pour qu'il ne lui arrive jamais de déborder. Je ne vous parle plus aussi de mon bonheur au Séminaire; après tout ce que j'en ai dit, je finirais par être banal, mais je rends sans cesse des actions de grâces à Notre-Seigneur de ce qu'il m'a retiré du milieu d'un monde vain, où, malgré ma petite part de capacité, l'orgueil aurait fini par me perdre.

» On vient de me confier la charge qui a le plus d'attrait pour moi, et qui aurait été certainement celle que j'aurais le plus ambitionnée s'il était permis d'en ambitionner ici quelqu'une. Je suis gardien de la Salle des Martyrs : mon titre de diacre m'a valu cet honneur. Cette fonction consiste à tenir propres les châsses de nos saints Martyrs, à balayer la salle, à l'éclairer, le soir, quand mes confrères viennent vénérer les reliques, à expliquer aux visiteurs de tous les jours les diverses scènes représentées sur les tableaux qui ornent l'appartement, à leur montrer les ossements vénérables, et les objets précieux qui servirent à l'usage de nos Missionnaires ou à leur supplice. A part la consolation que j'éprouve de me trouver plus fréquemment dans ce sanctuaire vraiment apostolique, j'ai encore celle de faire naître dans des âmes pures des sentiments de foi et de générosité, et de réveiller en d'autres le souvenir de Dieu et de sa sainte religion.

» Il n'est pas rare que des personnes peu chrétiennes versent des larmes à la vue des scènes attendrissantes du supplice de nos Martyrs, et, à moins d'avoir une âme inaccessible à toute sorte de sentiments, on ne sort pas de là sans avoir reçu au cœur une blessure salutaire plus ou moins profonde.

» Il y a deux ou trois jours à peine, j'avais le bonheur de faire visiter notre salle à un pensionnat. Après les explications d'usage, le chef de pension me pria de réciter avec sa communauté un *Pater* à haute voix, en l'honneur des saints Martyrs ; il sollicita après, pour ses élèves et pour lui-même, la faveur de baiser le Christ teint du sang de Mgr Borie. Je me rendis avec empressement à sa demande et je fus très-édifié de la vénération et du respect avec lesquels ces enfants rendirent hommage à cette précieuse relique.

» Un autre fois, des soldats se présentèrent ; à mesure que je leur faisais le récit des divers martyres, l'un d'eux ne cessait de me répéter sur le ton militaire, mais qui trahissait son émotion : « Sont-ils sauvages, ces gens-là, qui égorgent ainsi de pauvres » Missionnaires ! Ils auraient bien besoin d'une de nos leçons !»

» Je finis par un dernier trait qui m'a beaucoup édifié : je montrais le tableau d'un Martyr que les bourreaux soulevaient par les deux bouts de sa cangue afin de le forcer à fouler aux pieds la croix du Sauveur. « Que ferais-tu à la place de ce Mar- » tyr, disait une mère à sa petite fille d'environ treize ou quatorze » ans ? — Oh ! répondit l'enfant avec vivacité, j'ai toujours dit que » j'aimerais mieux mourir et verser tout mon sang plutôt que de » fouler aux pieds la croix de Jésus-Christ. » Ces paroles d'un enfant si jeune m'émurent profondément et produisirent en mon âme une impression qui ne périra pas.

» Voilà, mes chers parents, ma situation actuelle ; jugez s'il peut s'en trouver de plus heureuse. »

A cette première fonction, l'abbé Durand joignit bientôt celle d'infirmier. « Depuis un mois, écrivait-il, nous sommes mal-traités par une sorte d'épidémie qui tient beaucoup de la fièvre typhoïde ; le Séminaire n'est plus qu'un grand hôpital ; nos direc-teurs ont eu la drôle d'idée de me constituer grand-infirmier de la maison, probablement parce que je suis fils d'apothicaire, et que je sens un peu la pharmacie : quoi qu'il en soit, j'ai la haute juridiction sur tout ce qui peut avoir le nom d'infirme, et le petit cabinet pharmaceutique est à ma charge; on m'a donné un second, comme qui dirait un élève en pharmacie, et me voilà en plein exercice de mon nouveau ministère. Jusqu'au milieu de novembre, toutes les fatigues de ma fonction s'étaient bornées à l'application de quelques cataplasmes, mais, depuis lors, nous sommes dans un état tout-à-fait alarmant; les malades sont nombreux : les infirmiers ont été multipliés; par ordre du médecin, le corps de la communauté, depuis un mois, habite la campagne; il ne reste à Paris que nos pauvres malades et ceux qui les soignent. Il a fallu organiser un service pour les infirmeries; nous sommes constamment à Paris douze élèves pour soigner les infirmes; six font le service de midi à minuit et les six autres, de minuit à midi; on alterne ainsi continuellement. Inutile de dire ce que je fais pour ma part : il faut que vous sachiez pourtant que j'ai la haute intendance sur tout ce qui concerne les tisanes ou autres médicaments. »

Mais ce que l'abbé Durand croyait inutile de dire lui-même, M. le Supérieur des Missions étrangères n'a pas craint de le révéler ; pendant tout le temps de cette épidémie, notre ami se dévoua à ses malades de toute son âme, et, dans cette circonstance, la trempe de son caractère et de sa vertu ne se démentit pas.

L'abbé Dussol, actuellement vicaire dans la paroisse de Saint-Charles (Nimes), mais alors au Séminaire de Saint-Sulpice (Paris) fit à l'abbé Durand une visite dans ces circonstances : « Mon ami, lui dit l'abbé Durand, je suis au milieu de vingt-cinq malades ; l'infirmerie est à ma charge ; depuis quatre jours, je n'ai pas fermé la paupière ; embrasse-moi, et va-t-en. » C'est ainsi que le zèle inspirait à l'abbé Durand de recevoir ses amis; l'abbé Dussol l'embrassa, et se retira plein d'admiration pour un si généreux dévoûment.

IX

Ordination de la Prêtrise.

Du 8 mai 1857 à la fin d'avril de l'année 1858, les jours et les mois s'écoulèrent rapides ; et l'appel à l'ordination de la prêtrise surprit en quelque sorte notre ami au sein de ses travaux de zèle et de sainteté; il n'en fut que mieux préparé. Voici comment il en annonce la nouvelle à M. Rivière.

« Paris, 6 mai 1858.

» Monsieur le Directeur,

» Je suis appelé pour recevoir la prêtrise à l'ordination de la Trinité; certes une nouvelle pareille est bien de nature à produire dans l'âme une émotion profonde, mêlée d'une sorte d'effroi ; néanmoins j'avoue que cette crainte est un peu tempérée par la perspective qui s'offre aux yeux du futur Missionnaire. S'il ne peut pas se rendre le témoignage d'une vie sans reproche, il ose au moins dire à Dieu que ce ne sont point les honneurs et les plaisirs du monde qu'il se propose en avançant au sacerdoce ; encore moins recherche-t-il les commodités d'une vie aisée; ce qu'il veut, ce sont les croix et les fatigues d'un ministère de dévoûment, au bout duquel peut-être est le martyre. Il me semble que, lorsque le jeune Missionnaire embrasse avec amour cette carrière de souffrances et de sang, Notre-Seigneur, en dépit de son indignité, le regarde avec des yeux favorables et oublie volontiers ses misères ; plaise au ciel qu'il en soit ainsi de moi ! Priez, M. le Directeur, et que le bon Dieu, après m'avoir donné la grâce de lui faire généreusement mon sacrifice, l'accepte en expiation de mes péchés passés. »

Annoncer son appel au sacerdoce, c'était pour notre ami dire que son départ n'était pas éloigné. Où devait-il aller? De nombreux ouvriers évangéliques étaient prêts à se disperser, comme les Apôtres, dans toutes les parties du monde : les confins les plus reculés de l'Asie orientale, la Chine, la Cochinchine, le Tong-King, le Japon, les Indes, la Malaisie, le royaume de Siam, le Thibet, etc., etc., voilà le champ immense qui leur était ouvert. Quatre ou cinq départs s'organisaient. Notre ami sera-t-il du premier, ou bien ne partira-t-il qu'à la dernière heure? Dieu le savait; toujours était-il que l'automne ne devait plus le trouver sur le sol de la patrie. A cette perspective, il s'écriait : « Encore quelques mois et il me sera donné de travailler au salut de ces pauvres idolâtres qui ne connaissent pas encore Jésus crucifié ! Peut-être l'année prochaine, à pareille époque, m'aura-t-il été donné de régénérer dans les eaux du baptème quelques-unes de ces pauvres victimes que la cruauté des parents expose à la voracité des animaux, sur les places publiques et dans les rues ! Peut-être aussi qu'un petit troupeau se sera groupé autour de moi comme autour de son pasteur ! Peut-être même que des mains ennemies, du Christ auront chargé de chaînes le pauvre Missionnaire, et l'auront relégué au fond d'un cachot ! Certes, je ne demande pas à Dieu cette faveur, qu'il n'accorde qu'à ceux à qui il lui plaît ; avant tout, je sais que le Missionnaire est envoyé pour ses frères infidèles, et que son plus ardent désir doit être pour la conquête des âmes. »

Une lettre pareille et qui contenait les mêmes sentiments, partie de Paris le même jour, arriva à Lunel pour annoncer à sa famille la bonne nouvelle du sacerdoce, la nouvelle terrible du départ. Que se passa-t-il dans le cœur du père et dans celui de la mère ? Il est aisé de le deviner. Mais ce que l'on ne saurait pressentir, ce qui me jette dans l'étonnement et la stupéfaction, ce qui fera toujours couler mes larmes d'admiration, de joie, de bonheur, c'est la vertu, la grandeur, l'héroïsme de la mère ! C'est en effet la mère de notre ami qui a écrit ces lignes, dignes de nos plus fortes femmes, et qu'une sainte Monique elle-même ne désavouerait pas.

« Lunel, 28 mai 1858.

» MON TRÈS-CHER ET BIEN-AIMÉ FILS,

» Le moment de consommer mon grand sacrifice est donc arrivé : je commençai à boire le calice d'amertume en te donnant mon consentement ; maintenant il faut que je l'avale jusqu'à la lie, et que je gravisse la montagne sur laquelle le sacrifice doit être offert. Je n'en serai pas quitte pour la cérémonie comme

Abraham ; il faut que la victime soit immolée : eh bien ! mon fils, puisque le Seigneur l'exige de son indigne servante, soutenue de sa force divine et sous la protection de la très-sainte Vierge, je viens, en mère chrétienne, t'offrir de bon cœur à Celui qui a bien voulu naître, souffrir et mourir pour nous.

» Voilà, cher enfant, mon sacrifice accompli ; il ne me reste plus qu'à te faire mes adieux. Retirée dans la plaie du côté de mon Jésus, je t'embrasse de tout mon cœur et te dis, avec le père de saint Louis de Gonzague : « mon fils, tu m'as fait au cœur une plaie qui saignera longtemps ; je t'aime et tu le mérites ; j'avais fondé sur toi les espérances de ma famille ; mais enfin, puisque tu es assuré que le bon Dieu te destine à autre chose, je ne te retiens plus ; va où le Seigneur t'appelle ; fasse le Ciel que tu y sois heureux ; adieu, mon fils ; toutes les fois que tu offriras le Saint-Sacrifice, pense à ta mère désolée et toujours souffrante, pense à ton père qui a tout fait pour toi, pense à ton frère et à ta sœur que tu laisses presque orphelins. Noublie pas, je te prie, les âmes de tes proches morts dans le Seigneur. »

Avant que cette lettre si belle eût pu réjouir le cœur du Missionnaire, deux autres lettres partaient de Paris : l'une était adressée à M. Rivière, l'autre à M. Durand. Voici quelques lignes de la première :

« Samedi dernier, M. le Directeur, je recevais dans l'église de Saint-Sulpice le caractère du sacerdoce, à l'heure même où mes amis le recevaient aussi dans la cathédrale de Nimes... Et maintenant me voilà prêtre pour l'éternité : *Tu es sacerdos in æternum !* je ne puis prononcer ces paroles, ni même les rappeler à mon souvenir sans être saisi d'un sentiment profond de frayeur. Etre prêtre pour l'éternité ! c'est porter un caractère qui durera autant que Dieu, signe de salut pour celui qui l'aura porté dignement, mais aussi marque effroyable de réprobation pour celui qui le flétrira par sa conduite ! Tous les jours j'offre la Victime sainte à l'autel ! victime de salut pour le saint prêtre, victime de perdition éternelle pour le prêtre indifférent ou mauvais ! *Hic positus est in ruinam et in resurrectionem multorum in Israel.* »

A sa famille, l'abbé Durand disait : « Trouvez-vous que ce sera trop de reconnaissance pour un si grand bienfait que d'aller gagner à Jésus-Christ des âmes qu'il aime avec tendresse ?... Oh ! non ! Laissez-moi, chers parents, laissez-moi prouver mon amour à mon Jésus ! jusqu'ici je n'ai rien fait pour sa gloire ; presque chacun de mes pas a été une transgression de sa loi sainte ; il faut donc que je répare le passé ; il faut que je sauve des âmes !! »

X

Le Missionnaire du Thibet. — Départ de France

Sur dix-huit Missionnaires prêts à partir, deux seulement avaient immédiatement appris le lieu de leur Mission ; ils étaient désignés pour le Tong-King dont Mgr Retor est évêque ; l'abbé Durand n'avait pas été élu ; à la faveur de ce retard, et, sur les vives et pressantes sollicitations de ses condisciples de Nimes, l'abbé Durand envoya à chacun d'eux son portrait ; il y est représenté avec son costume de Missionnaire, le crucifix aux bras et le chapelet à la main. Ce portrait, jusqu'à ce jour, n'était que le doux souvenir d'un ami, et maintenant le voilà devenu l'image vénérée d'un Martyr ! A la place de ce sourire que nous lui jetions en passant comme le salut de l'amitié, nous nous sentirons désormais poussés à nous prosterner devant lui, pour y répandre notre prière comme devant l'image palpitante et fidèle d'un saint.

Mais hâtons-nous ! et faisons ce qu'il dit à son père.

« Mon Père,

» Prenez une mappemonde ; suivez-moi quelques instants à travers l'Océan, je vais vous conduire au lieu de ma destination : nous partons de Bordeaux, nous descendons vers l'Afrique ; nous doublons le cap de Bonne-Espérance ; du cap j'aborde à Hong-Kong ; de Hong-Kong j'arrive au Thibet en traversant la Chine. Le Thibet voilà désormais ma patrie ! voilà la portion de mon héritage dans la vigne du Seigneur !!... Convertir des âmes au

Thibet! pénétrer dans ce pays où le christianisme n'est pas encore
florissant! arracher au milieu de ces montagnes, la plupart inac-
cessibles, quelques âmes à la domination du démon! porter le
flambeau de la foi à ces populations encore plongées dans l'ombre
de la mort, voilà quelle sera désormais ma tâche! voilà l'unique
objet de toute mon ambition! Ne craignez pas pour moi: Marie
est l'étoile des mers! et Dieu protége ses Missionnaires!! »

Par une de ces coïncidences dans lesquelles il est difficile de né
pas voir la main de Dieu, après que les événements ont déchiré
le voile de l'avenir, l'abbé Durand avait avidement étudié les
mœurs et les coutumes du peuple Thibétain au Séminaire de
Nimes. A peine instruit du coin de vigne qu'il devait défricher,
le Missionnaire du Thibet se met en relation immédiate avec
M. Huc, reçoit des leçons de langue thibétaine de M. Foucau,
professeur de sanscrit au collége de France, apprend la galvano-
plastie pour dorer et argenter les divers objets qui pouvaient lui
être utiles. En attendant, le jour du départ arriva, et il en donnait avis à sa famille le 22 du mois d'août.

« Cette fois ce ne sont plus des probabilités, c'est la certitude
d'un départ bien arrêté et bien proche. Vendredi prochain, 28
août, aura lieu dans la chapelle du Séminaire des Missions étrangères la cérémonie si touchante dans laquelle dix-huit Missionnaires feront leurs derniers adieux à leurs confrères de la terre de
France, et dimanche, 30 août, nous quitterons Paris pour nous
rendre à Bordeaux où nous arriverons le lendemain. Sauf temps
contraire, nous devons nous embarquer immédiatement sur le
Singapour. »

Puis, avec la majesté d'un apôtre, l'abbé Durand fait à sa famille
de touchants adieux. Les ans n'ont pas encore blanchi sa tête; la
vieillesse n'a pas consacré son front; mais des hauteurs où l'élève
son nouveau ministère, à l'heure où, touchante victime, il met le
pied sur le degré de son autel, cet enfant de vingt-trois ans parle
à son père, à sa mère, à son frère, à sa sœur, et ressemble à
ces patriarches qui ne se seraient pas endormis dans la paix
du Seigneur sans laisser à leur famille l'héritage de leurs vo-
lontés suprêmes. Ses paroles ne sont pas des adieux : on les
dirait un testament; elles en sont la majestueuse simplicité;
écoutez:

« Et maintenant, adieu! mes chers parents, adieu!! Vous,
mon père, soyez toujours un homme juste, ami des pauvres et

de la religion ! que ma mère soit toujours généreuse au milieu des infirmités auxquelles il a plu à Dieu de l'assujettir dans cette misérable vie ! qu'Auguste devienne, par la grâce de Dieu, un brave et pieux jeune homme, et, si le bon Dieu lui prête vie, un homme honnête et bon chrétien ! que Thérèse soit docile aux pieuses leçons de sa vertueuse mère et de son charitable père pour qu'elle soit une pieuse et sainte fille. Aimez tous le bon Dieu qui m'accorde une si magnifique grâce, et souvenez-vous du Missionnaire du Thibet. Adieu ! cet adieu sera peut-être le dernier, mais je reste votre fils dévoué, à la vie et à la mort ! »

Le 5 septembre, à 10 heures du soir, il nous écrivait encore et en regardant la France nous jetait à tous ce dernier cri : « adieu, terre de la patrie ! adieu, chers condisciples ! adieu, chers compatriotes ! adieu tous pour l'éternité ! »

Soupçonneriez-vous qu'à l'heure même où notre héroïque ami nous envoyait ces solennels adieux, son âme était le théâtre d'effroyables combats ? Oui, le jour où la Providence marqua à l'abbé Durand la place qu'elle lui avait réservée, le démon s'abattit sur lui avec toute sa rage. Nous regrettons vivement de n'avoir plus sous les yeux la lettre navrante qu'il écrivait à M. Rivière, et dans laquelle il rendait compte de ses immenses inquiétudes. Pauvre ami ! cette vocation à l'Apostolat qui, depuis neuf ans, était la pensée unique de son âme, cette vocation sur laquelle les oppositions de toutes sortes n'avaient pu jeter le moindre nuage, cette vocation, alors que toutes les voix autorisées l'avaient confirmée, devint dans le plus profond de son cœur l'objet d'un doute formidable et cruel.

La défiance que l'abbé Durand avait toujours eue de lui-même multiplia en ce moment toutes ses exagérations; alors se dressèrent devant lui, comme pour élever la voix, tous ses engoûments éphémères, toutes ses inconstances, toutes ses légèretés ! Dans tout ce qui s'était fait, n'avait-il pas été le jouet de son ardente imagination?.. et, quand il monta sur le navire, à la pensée qu'il devait être saint et qu'il ne l'était pas, l'amertume de son cœur était plus amère que celle de l'Océan... Il en est temps encore ! Arrête-toi, téméraire !... quels que soient tes désirs, tu n'es en réalité qu'un misérable !... Tu tentes Dieu !... tu n'aboutiras qu'à une catastrophe suprême !...

Et pour lutter contre toutes ces voix accusatrices, il n'avait que la conscience de son obéissance. « On m'a dit de partir, Sei-

gneur ! Il me semble que j'ai révélé mon âme à ceux qui ont
mission de la scruter ; dans les bruits qui retentissaient en elle,
ils ont tous reconnu votre voix. Il est bien vrai que, si je me
regarde, je me sens téméraire, et voilà pourquoi je suis dans
l'angoisse ; mais quand je les entends, c'est votre voix qui me
parle, et voilà pourquoi j'obéis et je pars ! »

Eh bien ! oui, partez ! partez, héraut de la bonne nouvelle !
Vous êtes bien l'élu du Seigneur ! et les déchirements du doute
dont vous êtes en ce moment la victime ne sont pas autre chose
que le suprême effort de Satan qui voudrait encore vous jeter
en dehors de votre voie ! Qui sait ?... Dieu lui avait révélé peut-
être qu'en vous il partait non seulement un apôtre, mais un martyr ! et Satan a horreur du sang qui se répand et se mêle avec
le sang du Christ ! Qui sait encore ?... Peut-être comme l'homme
juste de l'Ancien-Testament, vous lui aviez été livré pour être
torturé, et le Très-Haut se complaisait en vous quand, du fond
de la Chine, vous écriviez : « Le Seigneur n'a pas encore interdit
à Satan de me broyer dans des tentations terribles. » Pour nous,
il est aisé de comprendre, à la vue d'un Missionnaire, pour Dieu
déchirant son cœur en quittant sa famille, sa patrie, ses amis,
pour Dieu affrontant les abîmes et les tempêtes, pour Dieu mar-
chant sur les périls et versant de longues et en apparence de sté-
riles sueurs, pour Dieu s'en allant sans repos jusqu'à l'endroit
même que le Tout-Puissant a marqué pour qu'il y soit mis à mort
en haine de la foi, oui, il est aisé de comprendre combien l'Enfer
doit hurler de rage, déchaîner de légions, et jusqu'à la dernière
heure empêcher le Martyr d'entrer dans son arène sanglante.

Ainsi se terminèrent les longues épreuves et les rudes combats
de cette vocation ; et c'est ainsi couvert des trophées de ses nombreuses victoires sur le démon, sur le monde, sur lui-même que
notre grand ami va commencer les longues et plus pénibles luttes
de son apostolat.

DEUXIÈME PARTIE

L'APOSTOLAT DE GABRIEL DURAND

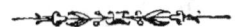

XI

Traversée : Singapour. — Hong-Kong

« Grand Océan, le 27 décembre 1858.

» Le jour où, pour la dernière fois, je vous saluai encore sur la terre natale, j'eus à peine le temps de vous communiquer un commencement de mes impressions. Mais à peine eûmes-nous dit adieu au pilote qui venait de nous lancer sur l'Océan, que nous ressentîmes toutes les émotions naturelles à un cœur qui se sent emporté loin de son pays. Il était environ dix heures du matin : la mer était belle et le ciel sans nuage ; une brise légère enflait modérément nos voiles ; l'équipage était encore en mouvement pour achever les manœuvres ; le capitaine debout sur le gaillard-d'arrière faisait retentir une voix de stentor, à laquelle les matelots obéissaient avec une agilité et une exactitude qui auraient captivé notre admiration si des pensées plus saisissantes ne nous avaient rendus pour ainsi dire insensibles....

» Vous ne sauriez vous imaginer quelles sont les émotions qu'on éprouve quand, après avoir traversé tous les obstacles que le monde, les amis et les parents opposent à une vocation bien précise, on la voit enfin se réaliser.

» Toute cette longue suite d'épreuves, de combats contre moi-même, de scènes plus ou moins émouvantes dont j'avais été témoin, semblait se dérouler sous mes yeux, et, admirant les desseins de la Providence, je bénissais de bon cœur le Dieu des miséricordes.

» Bientôt la côte se confondit avec l'horizon, et la terre ne nous apparaissait plus que comme un de ces nuages lumineux qui se dissipent chassés par le vent : du plus profond de notre cœur nous envoyâmes tous un adieu suprême à la terre de nos parents, de nos amis et nous nous mîmes sous la protection du Divin Maître et sous la tutelle de l'*Étoile des mers*.

» Quelques heures après, nous eûmes perdu de vue pour jamais les côtes de la Gascogne et nous n'avions plus d'autre perspective que le ciel et l'eau ; notre navire s'avançait au large, traçant dans sa course majestueuse un vaste et profond sillon, et soulevant de sa proue tranchante des flots d'une écume aussi blanche que neige. Nous étions au 10 septembre.

» Après cinq ou six jours de navigation dans le golfe de Gascogne, c'est-à-dire, après avoir fait deux ou trois cents lieues au large, nous mîmes le cap au Sud afin de descendre les côtes d'Afrique. Nous étions déjà sur celles du Portugal..... Là, nous souffrîmes beaucoup du mauvais temps, et quand le danger de la tempête eut passé, nous faillîmes aller nous briser contre un récif, sur ce qu'on avait pris d'abord pour l'île de Madère et qui était la petite île de Porto-Santo. Quelques jours après cette mésaventure, nous arrivâmes en vue des îles Canaries : le temps était brumeux, et nous ne pûmes les distinguer que comme un nuage à l'horizon. Le 3 octobre nous passions devant les îles du Cap-Vert ; alors, nous mîmes le cap au Sud-Ouest et nous descendîmes vers l'équateur dans la direction de l'Amérique du Sud.

» Aux environs de la Ligne, nous avons eu plusieurs jours de *calme-plat;* mais nous nous vengeâmes bientôt du retard sur le bon vent : une belle brise nous poussa de onze à douze nœuds (environ cinq lieues à l'heure). Le calme nous arrêta de nouveau au Sud de la Ligne, après quoi nous reprîmes notre route au Sud-Ouest. Le 28 octobre nous voguions par le travers des côtes du Brésil à quarante lieues environ de l'Amérique et à mille ou onze cents lieues de l'Afrique. En mer, on ne suit pas toujours la route la plus directe pour arriver à son but ; le vent est un maître qui sait se faire obéir ; nous n'étions pas encore au quart de notre route et nous avions déjà sillonné l'Océan Atlantique dans toute sa largeur. En passant sur les côtes du Brésil, nous fîmes monter au ciel quelques chants de supplication en l'honneur de l'*Etoile de la mer* et nous mîmes le cap au Sud-Est pour arriver en droite ligne au cap de Bonne-Espérance.

» Cette période de notre traversée n'eut rien de bien extraordinaire ; à mesure que nous descendions vers le pôle Sud, la chaleur diminuait sensiblement; notre navire, isolé sur les ondes, après n'avoir rencontré pendant longtemps que des monstres marins, commença à marcher de compagnie avec des oiseaux de mer, dont l'aspect variait à mesure que nous nous éloignions des régions équatoriales. Ce furent d'abord des oiseaux noirs, assez semblables à des corbeaux et que l'on appelle vulgairement *cordonniers;* ensuite des *damiers*, dont le plumage, régulièrement barriolé, ressemble à la tablette d'un jeu de dames; viennent après les *gonils*, plus gros que les précédents ; les *pailles en queue* ou *queues en flèche,* les *frégates* et enfin le roi des mers, l'*albatros* ou *amiral*, qui, en général, est blanc. C'est un véritable spectacle de voir planer sur les ondes ce roi de l'Océan, qui s'éloigne jusqu'à cinq ou six cents lieues de la terre, et qui n'a, la plupart du temps, pour tout gîte, que les vagues, sur lesquelles il se laisse bercer pendant son sommeil. Ces oiseaux nous annonçaient l'approche du cap de Bonne-Espérance ; nous demeurâmes assez longtemps pour le doubler, et ce ne fut que le 24 novembre que nous l'eûmes par notre travers ; nous en passions à près de deux cents lieues au large.

» Le cap de Bonne-Espérance est célèbre par ses tempêtes, et quoique nous l'ayons doublé dans la belle saison, il n'a pas laissé de nous faire sentir quelque chose de son influence : un coup de mer nous y cassa une vergue de hunier. Deux ou trois jours après, l'influence du canal de Mozambique vint se joindre à celle du cap. Quoique à huit cents lieues de ce canal, nous éprouvâmes une tourmente effroyable ; notre navire roulait sur ses flancs jusqu'à tremper ses voiles dans les flots; le tangage était affreux: la proue du vaisseau plongeait dans la mer comme un monstre marin ; puis, se relevant sur le dos de la vague, le navire ressemblait au cheval qui se cabre et dont le corps dressé n'est plus porté que sur les pieds de derrière. Il replongeait de nouveau pour se relever encore, et tout cela, au milieu d'une mer furibonde qui brisait contre nous des vagues semblables à

des montagnes ; à chaque instant, le pont était couvert par des nappes d'eau qui, après s'être élevées dans la mâture, retombaient en bloc avec un fracas effroyable ....
C'est alors que les pauvres mousses sont à plaindre ! C'est un spectacle bien navrant de voir ainsi traiter et apostropher un pauvre petit enfant de treize à quatorze ans, qui, loin de sa famille, se trouve ainsi perdu au milieu d'une troupe d'hommes plus ou moins humains et quelquefois cruels, sous le joug plus que sévère d'un capitaine au cœur aussi dur que les rocs de l'Océan. Et quand on voit ce jeune mousse, pour une faute quelquefois de pure fragilité, étendu en croix et fortement lié par les pieds et les mains dans les cordages de la mâture, alors le cœur se déchire et l'on ne peut contenir ses larmes. J'ai vu plusieurs fois ce supplice, et le pauvre enfant n'avait pas même la permission de pleurer : ses sanglots provoquaient la colère du capitaine qui, d'une voix de tonnerre lui imposait silence. Il n'est pas moins malheureux quand il fait le *quart* pendant la nuit avec la partie de l'équipage qui est de veille. Ce *quart*, qui est de quatre heures, consiste à veiller à l'avant du navire pour prévenir les dangers et la rencontre d'autres vaisseaux, ou bien à se tenir prêts à répondre au cri de l'officier qui commande la manœuvre. Pour un matelot, dont la vigueur de l'âge est brisée à la dureté de cette vie, tout cela n'est rien ; mais pour un enfant qui sort à peine des bras de sa mère, être forcé de se tenir au poste au milieu d'une mer épouvantable, et souvent sous une pluie torrentielle, mêlée d'éclairs et de tonnerres ! être toujours sur le qui vive ! recevoir une grêle d'injures pour le moindre retard, et quelquefois malgré toute sa promptitude ! être frappé de coups par un marin brutal et pour le plus léger oubli ! Voilà une vie bien digne de toute la compassion d'une âme sensible !

» Mais ce qui mérite bien davantage encore la pitié d'un cœur chrétien, c'est le déplorable état de ces enfants sous le rapport religieux. Arrachés au sein de leur famille, quelquefois même avant d'avoir fait la première communion, où, s'ils ont eu le bonheur dans la faire, immédiatement après avoir accompli ce premier pas dans la vie chrétienne, ces enfants passent subitement à une école où tout ne respire que vice, irréligion, impiété. Au lieu des tendres conseils de leurs parents et du bon prêtre qui les avait instruits dans la foi, ils n'entendent plus qu'imprécations, propos licencieux, blasphèmes, et les bons exemples du foyer ont fait place à l'aspect hideux du vice et de la dépravation. Pauvres créatures! que leur état est intéressant pour un Missionnaire qui voit dans ces jeunes âmes les images de Jésus-Christ, et les temples de l'Esprit-Saint. C'est le jeune mousse que nous avons à bord qui a touché mon âme, et j'ai résolu de faire revivre dans la sienne les bons sentiments de son enfance. Plaise à Dieu que je réussisse et que ce soit une première conquête que je fasse à sa gloire !

» Me voilà bien loin de ma route; je me hâte d'y retourner.

» Nous avions mis le cap à l'Est pour nous maintenir dans la même direction, et profiter du vent qui nous favorisa bientôt. Quinze jours ou trois semaines après, nous naviguions au 75° de longitude, à mille lieues de toute terre. Il n'y a pas de situation plus favorable pour élever l'âme, et donner de grandes idées de la Providence, que celle d'un Missionnaire, ainsi perdu au milieu des flots, sur une embarcation bien frêle, malgré sa masse et sa solidité, pour lutter contre les fureurs des mers. Il ne faut rien moins que la conscience d'une bonne vocation pour se rassurer le cœur et prendre confiance !!

» Le capitaine nous avait annoncé la proximité de deux îles, qui, d'après ses calculs, devaient être bientôt en vue; le jour fini, on aperçut la terre comme un nuage à l'horizon, et le lendemain à midi, nous étions par le travers de l'une de ces îles (Amsterdam), à une distance de quelques milles seulement; la seconde (Saint-Paul) n'apparaissait qu'à une vingtaine de lieues. Amsterdam est une petite île de nature volcanique et qui paraît assez aride; elle est plantée comme un roseau au milieu de l'Océan, à côté de sa sœur, l'île de Saint-Paul. Vous ne sauriez croire combien il est doux, quand on n'a pas vu la terre depuis plusieurs mois, de pouvoir reposer ses regards sur une petite île, ne serait-elle qu'un rocher battu par les flots. Si nous avions pu seulement y poser le pied, que nous aurions été heureux ! comme nous aurions bondi sur la plage et gravi ces rochers escarpés ! Mais le navire, favorisé par une belle brise, ne fit que passer devant ce pied-à-terre, isolé dans la plus immense des mers. Après, nous mîmes le cap au Nord-Est dans la direction du détroit de la Sonde.

» Un fait mémorable signala cette période de notre traversée.

L'un de mes confrères avait préparé à la première communion un jeune matelot, et la fête de Noël fut choisie pour cette touchante cérémonie. Notre capitaine, homme d'ailleurs assez complaisant, consentit à un petit *extra*, nous permit d'orner notre autel avec le plus de splendeur possible, mit à notre disposition son coffre de pavillons pour nous en faire des tentures; il voulut même qu'un coup de canon fêta la bienvenue d'un si beau jour.

» Alors grands préparatifs pour obtenir le plus de merveilleux possible; en ma qualité de *prétendu physicien-machiniste*, je fus chargé du luminaire. La veille, jusqu'à minuit, nous tendîmes en blanc l'endroit que nous avions choisi pour la petite chapelle; l'autel fut dressé plus somptueux que d'ordinaire; nous le parâmes de nos plus beaux ornements; le pavillon, partie roulé en bordure, partie employé à orner le circuit, donnait à notre chapelle improvisée je ne sais quoi de recueilli; vous vous seriez crus dans une crypte des premiers âges de l'Eglise. Au lever de l'aurore se célébra la première messe; l'équipage assista tout entier à la seconde, qui fut plus solennelle et accompagnée de quelques petits concerts.

Capitaine et matelots honorèrent la descente de Jésus-Enfant sur nos autels, comme les bergers avaient honoré sa venue dans la crèche de Bethléem. Quel spectacle! le Fils du Très-Haut, quittant les cieux pour descendre sur un autel improvisé, dans une pauvre barque, au milieu des océans! La figure sévère des matelots, ces hommes nourris au sein des orages et des tempêtes, contrastait singulièrement avec l'appareil d'humilité et de douceur qui les environnait. Un de mes confrères prononça une allocution adaptée aux circonstances et notre capitaine en fut très-satisfait; nous chantâmes quelques morceaux des messes les plus solennelles de notre répertoire, et, à défaut d'orgue, un harmonium remplissait par des modulations assez heureuses les intervalles de silence. A l'Elévation, le canon disait aux flots étonnés la descente de Jésus-Christ sur le *Singapour!*

» Quand notre jeune matelot s'approcha de la Table-Sainte et reçut pour la première fois la divine Eucharistie, sa vue réveilla sans doute dans ces vieux marins le souvenir ineffaçable de leur première communion, et fit renaître, au moins passagèrement, quelques sentiments de foi dans leur âme. Après le renouvellement des promesses du baptème, une troisième messe fut dite en actions de grâces, et ainsi se terminèrent les exercices de la matinée.

» Un pavillon flottait à chaque mât ; l'équipage était paré de ses plus beaux habits de fête, et, ce jour-là, sauf les moments réclamés par les manœuvres indispensables, fut consacré tout entier à la réjouissance et au repos. Le soleil était radieux, la mer magnifique ; un vent des plus favorables poussait notre navire et lui laissait filer près de douze nœuds.

» Les Vêpres furent aussi chantées, et la soirée fut couronnée par un cantique en l'honneur de l'Enfant Jésus et par quelques invocations à sa sainte Mère. Oh ! non ; le soleil, depuis qu'il fait sa révolution autour des terres et des mers, n'avait pas éclairé sur les flots une si magnifique journée. Et comme si le bon Dieu avait voulu nous prouver que sa miséricorde seule nous l'avait ménagée, le lendemain, dimanche, le mauvais temps ne nous permit pas même de dire la sainte Messe.

» Reprenez maintenant votre carte et suivez-moi : nous sommes à trois ou quatre cents lieues du détroit de la Sonde. Le vaisseau chasse, dans sa course impétueuse, des troupes de poissons volants, et nous nous égayons à la pêche du marsouin et du requin... Tous ces monstres, habitants de l'onde, sont bien de nature à récréer la monotonie du spectacle de la mer. Mais, quand la reine des mers, la baleine, soulève de son dos énorme la vague en forme de montagne, et qu'elle paraît semblable à une île qui surgirait soudain des abîmes, puis que, glissant sur les flots, elle incline majestueusement sa tête, et laisse échapper de ses naseaux un énorme jet d'eau qui retombe en poussière, alors la scène est vraiment sublime! On est porté naturellement à publier la magnificence de Dieu dans ses œuvres, et à lui dire avec le Prophète : *quam magnificata sunt opera tua, Domine !* »

XII

Traversée. (suite)

Les îles de la Sonde. — Singapour. — Hong-Kong.

D'après les indications du capitaine, deux ou trois jours séparaient encore nos chers passagers du détroit de la Sonde ;
les calculs approximatifs que l'abbé Durand avait faits lui-
même l'amenèrent à conclure le troisième jour que la côte
apparaîtrait vers la nuit tombante. Depuis trop longtemps, ses
yeux ne s'étaient pas reposés sur une plage, et son front était
trop avide des caresses de la brise venant d'une terre prochaine,
pour que notre ami se résignât au repos. Aussi résolut-il de
passer la nuit sur le pont ; mais le temps était sombre, la mer,
houleuse, la brise, violente. Vers minuit, il se fit un peu de
calme ; des nuages noirs montaient pourtant à l'horizon ; les
éclairs sillonnaient au loin le firmament, et au bruit ordinaire
de la vague se mêlait un autre bruit, sourd, assez semblable à
celui des flots qui mugissent en se brisant sur des côtes ; une
odeur de marécages, qu'on croyait respirer, porta avec elle la
certitude que la terre n'était pas éloignée : la sonde, jetée pour
interroger l'abîme, ne compta que quinze brasses d'eau ; une
seconde fois, elle n'en mesura que treize ; une troisième, neuf
seulement. Plus de doute : la terre était là !! Mais les ténèbres
étaient trop profondes, et le capitaine ordonna au timonier de
gouverner au Sud pour attendre l'arrivée du jour. Il s'écoula
quelques heures bien longues, et d'étranges émotions agitaient
les cœurs. On ne s'était pas trompé : quand le jour fut venu, la
terre apparut là, à quelques milles du navire.
Cependant le ciel était chargé de nuages sombres, lourds,
rapides ; en un clin-d'œil, la pluie tomba par torrents ; un ouragan se déchaîna avec impétuosité et violence : le navire s'in-
clina sur ses flancs, les mâts pliaient sous l'effort de la tempête
et menaçaient de se briser ; toutes les voiles étaient carguées,
tandis que le regard, intercepté par la pluie qui ressemblait à
une fumée épaisse, ne s'étendait pas au delà de la proue. Une
lame, un coup de vent pouvait tout jeter sur la côte, et la

proximité des terres, qu'on avait saluée avec tant de joie et d'espérance, était maintenant le plus grand péril. « Mais au fort du danger, nous étions calmes, écrit l'abbé Durand ; notre espoir en la protection de Dieu et de la sainte Vierge, nous donnait confiance ; il ne nous paraissait pas possible que Dieu consentît à livrer ainsi en proie aux flots, treize messagers de la Bonne-Nouvelle. Le capitaine, ramassé sous les bords rabattus de son chapeau d'orage et dans sa capotte goudronnée, était sombre et soucieux ; d'un œil inquiet, il surveillait, interrogeait l'ouragan qui ne calmait point ses fureurs, allait, venait, consultait ses plans, et attendait dans l'angoisse. Des troncs d'arbres roulés par les vagues, une pirogue chavirée et entraînée par le courant étaient des signes certains qu'à un mille peut-être la mer brisait contre la côte. Fatigué de lutter contre tous les vents contraires, l'équipage laissait le vaisseau s'agiter au hasard, sans direction ; le danger était imminent, et ne comptant plus sur les ressources de son talent et de son expérience, le capitaine se recommanda à nos prières en déclarant que Dieu seul pouvait nous sauver du danger. Nous adressâmes tous à Dieu, qui commande les vents et la mer, une courte mais fervente prière, et nous nous plaçâmes sous la protection de Marie ; nous ne perdîmes pas un moment le calme ni la confiance, et notre prière fut exaucée. Bientôt l'ouragan mugit avec moins de violence ; l'horizon commença de s'éclaircir, la mer redevint calme et alors, à une très-petite distance, nous apparut la magnifique terre de Sumatra.

» C'était le 5 janvier 1859. Cette île est une des plus belles de l'Océanie : nous la côtoyâmes tout le jour, poussés par une petite brise. Sa côte est agréablement accidentée de montagnes et de collines, recouvertes de forêts épaisses que l'on prendrait pour des bouquets de verdure sortis comme par enchantement du sein des ondes. Nous respirions avec délices ce parfum des bois que la brise nous apportait et dont nous étions depuis si longtemps privés. Il m'est impossible de vous dire tout ce qu'on ressent d'émotions à de pareilles heures. Nous ne voulûmes rien laisser perdre d'une si belle scène, et nos yeux demeurèrent attachés à la terre jusqu'à ce que la brume de la nuit vint nous voiler ce superbe tableau. »

A l'embouchure du magnifique détroit de la Sonde, nos passagers avaient à gauche la belle terre de Sumatra ; à droite, paraissait l'île de Java. Le ciel était sans nuage, la mer calme, la brise à peine sensible ; on aurait vraiment dit que tous les éléments se taisaient pour leur donner le loisir d'admirer un des plus riches tableaux de la nature. La distance, d'une côte à l'autre, est de huit ou dix lieues ; néanmoins la vue y paraissait très-bornée et la voix résonnait comme au fond d'une vallée. Bientôt une pirogue aux petites voiles blanches accosta le navire : elle était montée par une troupe d'hommes fortement cuivrés, tous petits, et qui pour la plupart n'avaient d'autres vêtements qu'une mauvaise pièce d'étoffe. C'étaient des insulaires javanais. Le chef monta sur le *Singapour,* et fit monter avec lui tout le chargement de sa pirogue. Il consistait en *patates* douces, sorte de pommes de terre longues et sucrées, en *ignames*, autre genre du même fruit, mais plus gros, en *cocos, tabac* et *sucre noir.* Le capitaine avait voulu acheter ces fruits du pays, et les offrit aux Missionnaires de la façon la plus aimable. «C'était quelque chose de bien extraordinaire pour nous, dit l'abbé Durand, que ces figures nouvelles et bizarres! Pauvres gens! leur vie est aussi flottante que leurs pirogues; presque toujours sur la mer à épier le passage des navires, ils n'abordent la terre que pour approvisionner leur embarcation. Tandis que mes confrères se laissaient aller à leurs impressions, je profitai d'un moment où le chef était près de moi pour proférer devant lui le mot de *Religion* avec un geste qui demandait une réponse. L'insulaire branla la tête et ne me comprit pas. Je lui présentai un crucifix (celui de mon ami Farnarier) et j'eus même réponse. Je baisai ma croix avec les marques d'un profond respect et la lui offris pour qu'il la baisât à son tour : cette fois, il ne répondit que par un sourire niais. Intéressante créature ! elle n'avait jamais entendu parler de Jésus-Christ, et le mystère de la mort d'un Dieu fait Homme n'avait jamais frappé ses oreilles. Je fis devant lui, à plusieurs reprises, le signe de la croix; il le répéta sans aucune intelligence. Cependant je ne voulus pas le laisser partir sans lui donner quelque signe de notre religion : je passe, au même instant, une médaille à mon cou, en l'engageant à en faire autant; il m'imita assez bien. Puis, lui ayant montré l'image de la sainte Vierge sur un revers, et celle de la croix sur l'autre, je la baisai ! Il la baisa à son tour et parut me promettre, en la couvrant de son vêtement, qu'il la garderait. Quand sa pirogue eut quitté le navire, je baisai ma médaille en lui faisant signe ; il baisait aussi la sienne et son sourire était plein de gratitude.

» S'il ne m'a pas été donné de faire connaître Jésus-Christ à ce pauvre infidèle, peut-être que cette image de Marie lui vaudra, à cause de la bonne intention que j'ai eue, un de ces secours mystérieux de la grâce que le bon Dieu accorde quelquefois aux âmes qui paraissent le plus dans l'impossibilité de les obtenir.... C'était le jour de l'Epiphanie : coïncidence remarquable qui amène à notre rencontre la Gentilité, à la conversion de laquelle nous allions travailler, le jour même où le divin Sauveur reçut, lui aussi, l'adoration des premiers Gentils. »

Le lendemain, le *Singapour* doublait la pointe du détroit et faisait son entrée dans la mer de Java. Le cap était au Nord dans la direction du détroit de Branca. Ce détroit est formé par l'île de Branca, à droite, et par la prolongation de l'île de Sumatra à gauche. Cent lieues séparaient à peine de Singapour nos chers Missionnaires, mais le vent contraire arrêtait leur marche. Le capitaine proposa alors une incursion dans l'île aux plus hardis des passagers : l'abbé Durand fut du nombre. « Je ne puis vous dépeindre l'impression que j'éprouvai en me voyant si près de la terre, et d'une terre inconnue, sauvage, inculte, qui n'avait peut-être jamais eu la visite des hommes. La vase nous empêcha d'aborder. A vrai dire, c'est un grand spectacle que celui d'une terre vierge : tout paraît s'y étonner de la présence de l'homme; l'homme, le chrétien, le Missionnaire n'est nulle part mieux à sa place. Il est vrai que tous les êtres publient, à leur manière, la gloire de Dieu et sa magnificence, mais c'est à l'homme de prendre ce concert de louanges, et de le faire arriver, par un élan de son âme, vers le trône du Créateur. La nature jusque-là muette s'anime et remplit d'une manière plus complète et plus sublime la fin pour laquelle elle a été créée. »

Le 30 janvier seulement, le navire mouilla au-dessus du détroit de Branca et deux jours plus tard il entrait dans le détroit de Rhia. C'est, après le détroit de la Sonde, le plus beau site que l'on puisse voir. Le *Singapour* ne fit que passer à travers ses jardins, et, après dix lieues d'un lent voyage, l'on aperçut l'île désirée de Singapour.

C'est de Singapour, où le navire, fit relâche que sont partis tous les détails qu'on vient de lire. L'abbé Durand les envoya à sa famille dans une longue relation qu'il a fallu nous contenter de résumer ici.

Le séjour de notre ami dans l'île de Singapour dura un mois et demi. Son temps y était partagé entre la prière, l'étude et quelques excursions dans l'intérieur de l'île : il visita les Missionnaires qui s'y trouvent, et les *Annales* nous ont raconté quelques-unes de ses promenades. Là aussi, il assista au départ d'un Confrère qu'il rencontrera un jour au milieu de la Chine, avec lequel il entrera au Thibet, et qui partagera avec lui les tribulations et la persécution cruelle dans laquelle l'attend le martyre. C'était M. Desgodins ; chassé l'année dernière du Thibet, il faisait une tentative nouvelle par le chemin de l'Inde, tandis que l'abbé Durand devait suivre la route ouverte par M. Renou, à travers la Chine.

« L'aspect de Singapour, disait l'abbé Durand à M. Rivière, est bien de nature à confirmer dans mon cœur le désir de faire connaître Jésus-Christ ; la population de cette ville est un amas de gens de toutes les langues et de toutes les religions. De même que chaque nation y est représentée par un consul, chaque culte y a aussi ses autels, ses prêtres. Le mahométisme y possède une mosquée ; le boudhisme, des pagodes ; le protestantisme, un temple beaucoup trop grand pour ses adeptes; le judaïsme enfin, une synagogue. Oh ! qu'il est triste pour un catholique, pour un missionnaire surtout, de voir cette pompe avec laquelle le démon est honoré ici sous des formes diverses ! Il y a des pagodes chinoises qui, pour le luxe d'ornementation, je ne parle pas de l'architecture, le disputeraient à nos plus belles églises de France. »

Vers le milieu du mois de mars, l'abbé Durand quitta Singapour et fit voile vers Hong-Kong. Hong-Kong est une petite île située à l'Est de Macao et à l'entrée même de la baie de Canton; depuis 1842, elle appartient aux anglais et le Séminaire des Missions étrangères y a le siége d'une de ses principales procures. La traversée dura quarante-deux jours, et la mer, pour notre ami, fut très-inclémente.

Quand il se vit en face de la Chine, l'abbé Durand contenait à peine son zèle et, le 9 du mois de mai, son âme laissait ainsi déborder sa joie :

« Tous nos désirs sont maintenant tournés vers ce continent qui s'élève devant nous de l'autre côté de la rade ; ah ! qu'il me tarde d'y mettre le pied pour porter aux peuples qui l'habitent l'Evangile de paix ! Depuis huit jours déjà, notre courrier du Su-Tchuen est parti pour Canton, afin de constater si notre pas-

sage est possible à travers la Chine; nous n'avons pas encore de
réponse.

» Ce qui ne contribue pas peu à accroître l'ardeur de mes im-
patiences, c'est l'incertitude complète dans laquelle je me trouve
par rapport aux études qu'il me serait plus opportun de faire.
Dois-je étudier le chinois, ou le thibétain me serait-il plus utile?
je l'ignore. Si ces langues orientales n'offraient pas plus de difficultés que nos langues d'Europe, je pourrais les étudier simul-
tanément ; mais elles sont d'un abord diabolique. A l'heure qu'il
est je suis comme saint François-Xavier, qui, de l'île de Sanciam
tournait ses regards vers la Chine, avec cette différence pourtant
que François-Xavier la regardait en mourant et sans espoir d'y
porter l'Evangile, tandis que moi, je la regarde avec la confiance
que je vais l'arroser de mes sueurs et bienheureux mille fois si
ce pouvait être de mon sang ! »

XIII

A travers la Chine : Canton

C'est dans ces dispositions que l'abbé Durand, après un mois
de séjour à la procure de Hong-Kong, se rendit avec deux de ses
confrères à Canton, d'où ils devaient tenter ensemble de tra-
verser la Chine ; ils allaient d'abord jusqu'au Su-Tchuen, leur mission provisoire, et puis, quand l'entrée en serait possible, au
Thibet, leur véritable mission.

Nous sommes aux derniers jours du mois de mai : un an
s'est écoulé depuis que notre ami a reçu l'onction sacerdotale,
et que sa mère consommait si magnifiquement son sacrifice.
Il a fallu à l'abbé Durand, pour aller aborder à l'autre bout du
continent, presque neuf mois d'une longue et pénible traversée;
entre lui et nous, il a mis tour à tour l'Océan atlantique, le
Grand Océan, l'Océan indien; et tel nous l'avions quitté quand,
de Bordeaux, il nous faisait ses adieux, tel nous le retrouvons

encore en face de Canton, jetant à cette ville le salut de l'espérance et de la charité avec son cri de bienvenue. Aux fatigues
d'une si lente traversée, aux périls des tempêtes, aux inclémen-
ces de toutes les mers, il s'est comme fortifié et aguerri ; le démon n'a rien pu sur son âme, et, en dépit de ses tentations de
doute et de désespoir, l'esprit du mal est forcé de suivre pas à pas
et toujours avec des déceptions nouvelles, celui dont il voulait se
faire une victime qui lui eût été précieuse, de le trouver toujours
plus ardent à la peine, rempli d'un amour plus actif pour son
Dieu, comme dévoré de zèle pour le salut des idolâtres, ne tenant
aucun compte des sacrifices accomplis sur la terre de France ou
sur les mers, volant avec une sainte hardiesse au devant de ceux
que la prédication de l'évangile lui prépare, aussi avide maintenant de mettre le pied sur ce qu'il appelle sa nouvelle patrie
qu'il avait été généreux à se séparer de sa terre natale. C'est
bien ainsi que se préparent les Envoyés de Dieu pour que le
bruit de leur voix, annonçant les œuvres divines, s'en aille par
toute terre, et retentisse sur les extrémités même de l'univers.

Sans se donner le temps de visiter la ville, nos trois Missionnaires, le 2 juin, se mirent 'en voyage, et le soir même de ce
jour, avant d'entrer dans sa barque, l'abbé Durand écrivait à
l'un de nous :

« MES CHERS AMIS,

» Entendrez-vous encore du fond de l'Europe la voix de votre
vieil ami? Quelques heures à peine me séparent de mon départ ;
j'en profite pour vous dire encore un autre adieu, et vous donner
une idée de la manière dont va s'effectuer mon voyage.

» Depuis quelque temps déjà, nous avons pris les livrées chinoises : des culottes et des bas Louis XIV me donnent une
tournure tout à fait chevaleresque ; une longue robe blanche,
fendue des deux côtés, laisse voir les glands d'une élégante ceinture, qui assujettit nos vêtements de dessous autour des reins ;
des souliers en étoffe et de la forme d'une jonque apprennent
à nos pieds à quitter leur ancienne forme européenne, pour
adopter la tournure chinoise ; à gauche, pend, de notre épaule
et sur la poitrine, un élégant étui, renfermant la batterie de
table ; deux bâtonnets en guise de fourchettes, un couteau et
un cure-dents ; à droite et dans la même position sont attachés

à un cordon de soie rouge un cure-oreilles et un autre cure-dents plus élégant que le premier.

« Levez maintenant les yeux et regardez cette tête !! A la place de cette chevelure en désordre, et que vous m'avez si souvent reproché de mal soigner, une affreuse nudité se déploie, depuis le front jusqu'à l'arrière de la tête, d'où pend une touffe de longs cheveux, auxquels on a mêlé des cheveux étrangers pour former une queue très-élégante et parfaitement tressée, qui descend jusqu'aux talons. Ajoutez à tout cela un éventail, une calotte surmontée d'un globule rouge, un parassol chinois, et vous aurez mon costume complet. Je voudrais bien pouvoir vous prêter une longue-vue pour vous montrer votre ancien Gabriel, s'avançant d'un pas de mandarin, dans les rues de Canton, et tâchant d'ombrager la proéminence de son nez avec le parassol ou l'éventail, qu'il agite sans repos devant sa physionomie trop peu chinoise. Hélas ! mes amis, que ne faut-il pas faire pour gagner des âmes ! »

Avec tous les objets du costume d'Europe, il fallut quitter aussi toute marque extérieure de religion. Bréviaire, croix, médailles, scapulaire, tout cela n'aurait pas manqué de les trahir : encore moins pouvait-on conserver les ornements nécessaires au Saint-Sacrifice.

Ce dépouillement inspirait à notre ami les regrets dont il nous a laissé l'expression dans le langage de son humilité profonde et de son amour divin : « Vos prières me sont d'autant plus nécessaires, que, dans ce voyage à travers les diverses provinces de la Chine, je serai privé de tous ces secours spirituels dont un chrétien et un prêtre peuvent partout ailleurs se réconforter tous les jours...

» Vous comprenez combien ardente a besoin d'être la ferveur de mon âme, pour suppléer à ce dénûment complet des secours extérieurs de la religion ! sans cesse au milieu des superstitions diaboliques de la Chine, toujours en présence de Boudha et de ses sectateurs, et ne pouvoir pas une seule fois élever la sainte Victime sur l'autel du sacrifice ! être forcé de ne plus faire monter au ciel la prière sainte de l'Eglise ! ne plus lire un seul trait de la vie du Sauveur ! n'avoir pas même la consolation de baiser un crucifix ou une médaille, voilà ce qui effraie l'âme de l'apôtre. Mais j'espère que le Seigneur Jésus me mettra au cœur quelque chose de ce feu sacré qui fait trouver Dieu même dans le plus cruel isolement ; mon cœur sera trop déchiré par la pitoyable ignorance de ces peuples pour ne pas se ressouvenir souvent qu'il est chrétien, et que je suis ministre de Jésus-Christ parmi les ministres de Satan ; ministre de la lumière parmi les ministres des ténèbres ! »

Quand la nuit fut venue, nos voyageurs s'embarquèrent. Dans la barque qui les porta, M. Durand et ses deux compagnons de voyage n'occupaient qu'un très-petit espace ; leur gîte n'avait pas plus de deux mètres carrés de superficie sur un mètre et cinquante centimètres de hauteur. Ordinairement assis à la chinoise, ils étaient libres de se coucher quand la position première les fatiguait. Pour respirer l'air du dehors, à peine pouvaient-ils, de temps à autre, entr'ouvrir les volets d'une misérable fenêtre.

Partis de Canton, le jeudi de l'Ascension, ils remontèrent pendant six jours le fleuve Pé-Kian qui traverse une partie de la Chine. Ce parcours ne fut signalé que par des alertes plus comiques que sérieuses. « Toutes les fois que les courriers nous annonçaient n'importe quelle visite, nous nous hâtions de prendre la pose chinoise : la tunique bleue, la pipe, les lunettes nous donnaient la physionomie de véritables marchands s'en allant trafiquer à l'intérieur. Plus d'une fois, il fallut pourtant présenter aux douaniers les lettres de recommandation qui nous avaient été données par le mandarin de Canton, à la demande du commandant des troupes françaises. »

On arriva à Chaoquan ou Tchea-Tcheou-Fou. Cette ville est bâtie sur les bords du fleuve et ne compte pas moins de trois cent mille habitants ; ce n'est pourtant qu'une des petites villes de la Chine, elle est fortifiée et pourrait avantageusement soutenir une attaque. Il fallut stationner. Plus loin, le pays était infesté par les rebelles. Les rebelles sont des sujets révoltés contre l'empereur de Chine ; ils ne veulent pas de la dynastie tartare actuellement régnante ; pillant les barques sur les fleuves et les caravanes sur les chemins, on les rencontre partout. Aux voyageurs dépouillés, ils laissent ordinairement la vie sauve ; mais il n'est pas sans exemple de les voir se livrer à des atrocités barbares ; quiconque leur inspire le moindre soupçon est traité sans pitié. A chaque instant arrivaient dans la ville des soldats impériaux qui allaient à leur rencontre pour les repousser. Nos Missionnaires attendaient avec impatience l'issue des affaires : malheureusement les nouvelles devinrent de plus en plus désastreuses, et leur passage à travers la Chine fut reconnu impossible par cette route.

Trois chemins pouvaient conduire nos voyageurs à la province du Su-Tchuen : les deux premiers étaient occupés par les rebelles. La troisième route était celle du Kiang-Si, mais elle offrait moins de sûreté encore ; la prendre, c'était s'exposer dès les premiers pas à être pillé par les brigands innombrables en ce pays; c'était aussi affronter un climat très-malsain où les fièvres pernicieuses font des ravages affreux. Pour notre ami, vous le voyez, les tribulations de l'apostolat avaient commencé.

Il est trop doux de voir l'apôtre de Jésus-Christ, du sein même de ses peines, à des milliers de lieues de distance, garder vif et profond le souvenir de ses amis, pour que je résiste à la pensée de vous faire entendre un cri de l'amitié ardente de l'abbé Durand. C'était le dimanche de la Trinité, un an après sa propre ordination, le lendemain du jour où son plus cher ami, comme il l'appelle, l'abbé Farnarier, de Lunel, était ordonné prêtre à Montpellier.

« MON TRÈS-CHER AMI, ET BIEN-AIMÉ CONFRÈRE EN JÉSUS-CHRIST.

» *Tu es sacerdos in æternum secundum ordinem Melchisedech.*

» Hier, mon cœur te voyait prosterné aux pieds des autels, recevant l'onction sacerdotale. Je partageais ton bonheur et ton effroi ; je contemplais celui à qui j'ai voué une amitié éternelle devenir désormais mon confrère en Jésus-Christ ! Avant que tu fusses prêtre, nos cœurs s'épanouissaient sans doute dans une amitié tendre et fructueuse, mais aujourd'hui que nul degré ne nous sépare dans la hiérarchie sacerdotale, aujourd'hui que le Maître dit à tous deux : je ne vous appellerai plus mes serviteurs, mais mes amis, aujourd'hui surtout que nous pouvons d'un bout de monde à l'autre offrir tous deux la même Victime d'amour, ah ! nous avons bien le droit de nous appeler *amis dans le Seigneur.* Mon cœur surabonde de joie à la pensée que tu es prêtre ! Permets à ton ami de crier vers toi, de dessus les rives d'un fleuve de Chine, pour implorer le secours de tes plus ferventes prières.

» Réjouis-toi, mon Emile ! réjouis-toi ! que ta mère tressaille devant son Fils devenu prêtre du Fils de Dieu ! que ton père recueille dans la joie les doux fruits de sa paternelle sollicitude ! que ton frère et ta sœur se rappellent toujours avec une sainte fierté que tu es le ministre du Très-Haut ! monte, toi, monte avec confiance à l'autel du Seigneur, et quand tu immoleras ton Dieu, souviens-toi de ton ami ! »

Tandis que, devant Chaoquan, l'abbé Durand oubliait ainsi, dans l'ivresse d'une amitié sainte, les misères de sa position, leurs courriers vinrent annoncer que quatre Missionnaires du Kouy-Tcheou, partis de Canton quelques jours avant eux, stationnaient aussi devant Chaoquan. Une entrevue fut ménagée avec précaution, et à la faveur de la nuit. « Il fallut, écrit l'abbé Durand, dès l'abord que l'on modérât nos embrassements, trop bruyants pour des gens qui ont besoin de n'être pas reconnus. Dix jours auparavant nous étions encore ensemble, et l'on aurait dit que de longues années s'étaient écoulées depuis notre séparation. »

Le lendemain était le jour de la Pentecôte ; dès le lever de l'aurore, un petit autel, sur une barque païenne, fut improvisé, et M. Perny, pro-vicaire apostolique, célébra la messe; ils eurent tous le bonheur d'y faire la sainte communion. M. Perny avait trouvé le moyen de faire passer, parmi les effets des courriers, les ornements nécessaires au Saint-Sacrifice.

Derrière leur autel et sur la même barque, s'élevait une pagode où plusieurs fois le jour, les païens venaient faire leurs dévotions : là même où Satan reçoit des hommages, s'élevait l'autel du Dieu vivant; autel contre autel ! Ce jour-là, le diable était vaincu !

Les nouveaux succès des rebelles forcèrent nos Missionnaires à une décision brusque, et le lendemain, ils reprirent la route de Canton. Quatre jours leur suffirent pour redescendre le fleuve. C'est à Canton que l'abbé Durand et ses confrères apprirent et la guerre contre l'Autriche et la régence de l'Impératrice, et des détails sur l'expédition de Cochinchine. Pour de pauvres reclus qui, depuis trois semaines, n'avaient presque pas vu le jour, ce fut là tout un cours d'histoire. Ils reçurent l'hospitalité dans *le palais épiscopal.*

« Puisque ce dernier mot m'est échappé, dit l'abbé Durand, laissez-moi vous donner une idée de ce fameux monument. *C'est la vieille habitation d'un vieux mandarin,* qui, dans certaines parties, tient à peine sur ses bases vermoulues ; la plupart des murs sont en planches mal jointes, et la toiture n'a qu'une solidité médiocre. Quant aux portes et fenêtres, ou il n'y en a pas, ou s'il en reste quelques-unes, elles ne tiennent que sur un gond, d'où elles tombent pièce à pièce. Telle est l'habitation de Sa

Grandeur, vicaire apostolique de Canton, cette grande ville qui ne renferme pas moins de douze à quinze cents mille habitants. On pourrait être mieux logé ; mais la pauvreté est la compagne du Missionnaire. »

Le lendemain de leur arrivée, les Missionnaires firent une visite au commandant de place français, qui habite le Ya-Moun, ancienne demeure du fameux général tartare ; par la même occasion, ils purent voir le commandant d'Abbouville, dont la résidence est au quartier-général des troupes françaises et anglaises. Bâti sur la colline qui domine Canton, le quartier-général était auparavant le monastère où résidait la grande idole protectrice de la ville ; on voit encore dans sa niche ce colosse monstrueux, *dont les mains posées sur son énorme bedaine, laissent le spectateur douter si c'est ce ventre ou bien la ville qu'il se propose de protéger.*

Les officiers de la marine française, qu'ils voyaient pour la seconde fois, firent à nos Missionnaires un accueil vraiment français.

Quoique rapide, le passage de l'abbé Durand, à Canton, lui permit quelques observations : « Les pagodes, à Canton, dit-il, sont un ramassis de toutes les caricatures, les plus énormes qu'on puisse imaginer ; les ruines faites par le bombardement sont immenses : plusieurs quartiers n'ont pas une seule maison debout, et une poignée de soldats suffit pour faire la loi dans cette ville si populeuse : de tous les hommes que j'ai vus jusqu'ici, le chinois est le plus lâche : il crie beaucoup, mais à la vue d'une épée, ou même d'un bâton qui le menace, il ne songe pas même à se défendre ; trop heureux s'il a assez de vitesse pour la fuite ! Il est d'ailleurs sans idée d'ordre et discipline.

» Contre les rebelles qui désolent la Chine, le chef du Céleste-Empire n'a pas même la pensée d'organiser un corps de troupes ; il se contente d'envoyer quelques hommes sans courage et sans expérience des choses de la guerre : leurs armes sont des piques, des bambous, des fusils rouillés. Sans être mieux organisés, les rebelles ont plus d'audace et se débarrassent aisément de ces soldats, qui marchent d'ailleurs pêle-mêle.

» Trois puissances pressurent et déchirent constamment la Chine : les rebelles et les voleurs ; il faut y joindre ceux des soldats mécontents qui finissent par devenir aussi pillards que les bandits et les rebelles qu'ils devraient détruire. »

XIV

A travers la Chine: Hong-Kong. — Ning-Po

L'abbé Durand ne tarda pas de retourner à Hong-Kong, et attendit à la procure une nouvelle face des affaires, prêt à partir d'ailleurs si la route de Canton venait à s'ouvrir, et décidé, dans le cas contraire, de faire une seconde tentative par Shang-Haï ou Ning-Po, c'est-à-dire, de reprendre la mer jusqu'en face des côtes de la Corée et du Japon, pour, de là, pénétrer à l'aventure et à la garde de Dieu, dans l'intérieur de la Chine.

Comment notre cher Missionnaire employa-t-il à Hong-Kong les différents séjours qu'il y fit? M. Rousseille, missionnaire, alors à la tête de la procure de Hong-Kong, et maintenant au Séminaire des Missions étrangères, nous l'a appris. « Celui qui vous écrit ces lignes, disait-il dans une lettre adressée à M. Clastron, secrétaire-particulier de Mgr l'Évêque de Nimes, a eu le bonheur de recevoir l'abbé Durand à son arrivée en Chine, et de l'envoyer ensuite, par deux fois, dans l'intérieur du pays : car les rebelles le forcèrent à revenir sur ses pas à son premier départ. Il séjourna plusieurs fois à Hong-Kong, et pendant cet espace de temps j'ai toujours été édifié de sa piété et de sa charitable amabilité. Il était toujours prêt à rendre service. Pour utiliser son temps, il avait entrepris de dorer et d'argenter divers objets religieux, appartenant aux Missionnaires, et il réussissait très-bien dans ce genre de travail. On voyait que Dieu avait donné plusieurs talents à ce jeune Missionnaire, plein de vivacité et de bonne volonté. »

Cependant, la route de Canton ne devenant pas meilleure, on y renonça.

Le 26 juillet, une nouvelle traversée était déjà faite, et notre Missionnaire, de Ning-Po, partait pour une tentative nouvelle. Son projet était de remonter la rivière de Ning-Po, de rejoindre le fleuve Bleu et arriver par là, après deux mois d'une navigation pénible, jusqu'à la province du Su-Tchuen.

Cette seconde tentative eut le sort de la première; faite dans

des conditions identiques, elle eut mêmes difficultés, mêmes vicissitudes, même insuccès. Dans une lettre, datée de Ning-Po,
l'abbé Durand nous en donne le récit :

« Nous avions traversé plusieurs villes populeuses, et franchi
deux pas assez difficiles, sans que notre embarcation eût été
convaincue de fraude. Tout à coup, notre barque s'arrête ; on
annonce que nous arrivons à Pa-Kouen. Nos courriers plient
leur petit bagage, appellent des porteurs, et, après nous avoir
fait prendre un costume de *Pe-sin,* ou gens vulgaires, permettent
de débarquer. Et nous voilà, sur le bord d'un canal encombré
de marchands, de voyageurs, d'aubergistes. Le parassol d'une
main, la *pa-ze* ou mouchoir et l'éventail de l'autre, une pipe
longue d'un mètre à la bouche, nous allions d'un pas rapide.
A notre tête, marche le principal courrier, vieux matois qui
compte bien les sapèques (sorte de monnaie) et discerne sûre-
ment les physionomies parmi la gent chinoise. A sa suite, nous
essayons de dissimuler de notre mieux les traits les plus sail-
lants du type européen. Pour mon compte, j'avais une tâche
très-difficile: mon nez, dont vous connaissez la structure et que
le soleil des tropiques a coloré d'une teinte particulière, mon nez
pouvait me trahir. Tout à coup j'entends une voix qui m'appelle:
Thibet ! Thibet ! C'était le courrier d'un confrère qui était parti
déjà depuis deux jours. Ne pouvant prononcer mon nom à cause
de l'R, ce courrier avait pris l'habitude de m'appeler *Thibet.*
Ce confrère était là, en effet, et notre arrivée releva un peu
son courage. Il nous raconta qu'il avait tenté d'aller en avant,
qu'il avait traversé, en chaise, la ville où nous entrions à pied,
qu'il avait été reconnu, examiné, suivi d'une foule innombrable
jusque sur le bord du fleuve, que là, les patrons avaient refusé
de le recevoir malgré les instances de ses courriers, qu'il y avait
des ordres très-sévères de la part des mandarins pour ne pas
laisser passer les européens, enfin, qu'il avait été obligé de se
retourner et que dans quelques instants il allait faire route vers
Ning-Po. Ces nouvelles nous déconcertèrent : j'étais moi-même
indigné. Arriver et repartir, c'était trop fort : toutes mes instances furent inutiles ; nos courriers étaient découragés et dans
un état complet de panique ; la barque leva son ancre et nous
repartîmes.

» A Ning-Po, nous faillîmes être assassinés à cause d'une
éclipse de lune pendant laquelle les Chinois se surpassèrent en
hurlements et en tintamare. »

C'est de Ning-Po que notre cher ami, écrivant à M. Rivière, lui disait : « Depuis que je vous ai quitté, il s'est opéré bien des révolutions dans mon âme, et tous les jours je suis le jouet de quelque nouveau trouble. Le bon Dieu n'a pas encore interdit au démon de me passer par le crible de l'épreuve. Que son saint nom soit béni ! priez-le cependant de vouloir bien me délivrer de ces secousses terribles qui peuvent entraîner avec elles bien des fautes.»

Un troisième départ fut décidé. Des trois chemins qui pouvaient conduire au Su-Tchuen, les deux premiers étant occupés par les rebelles, il ne restait que la route du Kiang-Si. Malgré ses périls, les brigands qui l'infestent et les maladies dont elle est le théâtre, elle n'en fut pas moins choisie. « Qu'est-ce que le bon Dieu nous réserve ?... lui seul le sait : nous nous mettons sous les ailes de sa très-sainte volonté. Nous partons cette fois avec la ferme résolution de ne retourner qu'escortés de satellites ; nous nous attendons à tout. Priez pour votre ami qui va se lancer pour la troisième fois au milieu d'un peuple idolâtre. Qui sait le temps que nous devrons errer à travers ces fleuves et ces routes infinies ?... Que de fois, en me montrant la campagne de Nimes, alors que nous étions surpris par quelque orage, vous me disiez : « Voilà ce qui t'attend un jour ! C'est là une image imparfaite de l'avenir ! » Vous aviez raison ; et maintenant c'est la réalité ! Courage ! travaillons chacun selon notre position et la mesure de nos forces à l'œuvre du bon Dieu ! Puissions-nous tous lui présenter un jour, comme une riche gerbe, les âmes que nous aurons menées au ciel, par les mérites de Jésus-Christ et la protection de sa divine Mère. »

Parti de Ning-Po, le 28 août, l'abbé Durand épuisa tous les modes de voyage : il alla en barque, en chaise, en brouettes et à pied, et après avoir traversé plusieurs chrétientés, il arriva à la province de Kiang-Si. Le voyage fut encore bien long et nous étions au mois d'avril de l'année 1860, quand, après mille et une petites aventures plus ou moins dangereuses, notre Missionnaire arriva enfin dans la province du Su-Tchuen.

XV

Le Su-Tchuen. — Captivité. — Voyage.

« Si un jour, disait en 1858 l'abbé Durand à M. Rivière, il m'était donné de vous écrire du milieu des chaînes et du fond d'une prison, comme l'ont fait plusieurs de nos devanciers dans l'apostolat, oh ! alors il me semble que ce serait avec orgueil que je me dirais, avec saint Paul, le captif de Jésus-Christ, *Vinctus Christi Jesu*. Mais si Notre-Seigneur ne me réserve pas cette gloire, priez-le du moins qu'il me fasse la grâce de conquérir quelques-unes de ces pauvres âmes qu'il a rachetées de son sang et qui ne le connaissent pas ! Heureux mille fois si, au bout de ma carrière, je pouvais lui présenter une vie bien remplie de sueurs et de fatigues ! »

Dieu ne refusa pas à l'abbé Durand la gloire de la captivité, et en 1860, notre ami écrivait chargé de chaînes, et du fond d'une prison ; malheureusement sa lettre ne nous est point parvenue. Pour combler une si regrettable lacune nous n'avons que quelques mots de lui épars çà et là, et une lettre de Mgr Thomines. Cette parole épiscopale ne nous empêche pas sans doute de déplorer la perte des détails que nous donnait l'abbé Durand, mais elle nous console, et par le peu qu'elle nous dit, et par le vif regret que manifeste l'ancien Evêque de notre ami d'être obligé de taire les événements dont sa mémoire n'a gardé qu'un vague souvenir. « En qualité de vicaire apostolique de l'abbé Durand depuis son entrée en mission, je dois rendre témoignage de sa foi, de sa piété, de son bon esprit, de sa soumission et de son respect, autant pour ma personne que pour le caractère sacré dont, tout indigne, j'ai été revêtu. Il a été pour moi une consolation au milieu des peines et des douleurs, et a servi à m'alléger le fardeau pesant que Dieu m'avait imposé.... Dieu semblait avoir voulu montrer à l'abbé Durand, dès son arrivée en Chine, qu'il était appelé à souffrir pour la gloire de son nom. Pris et mis en prison à Tchong-Kin, deuxième ville capitale de la province du Su-

Tchuen, il fut bien plus maltraité que M. Desgodins, arrêté
comme lui l'année précédente.

» Mes souvenirs ne me rappellent point d'une manière assez
précise et certaine les détails de la prison qu'a subie à Tchong-
Kin M. Gabriel, pour que je me permette de raconter ce que
je ne pourrais attester. Je me rappelle seulement que, dès le
commencement, il fut séparé de son interprète et de toutes les
personnes qui auraient pu lui rendre service. Ne sachant pas le
chinois, ne pouvant ni répondre aux interrogations des mandarins, ni exiger ce qui lui était dû comme européen et qu'on fei-
gnait de ne pas comprendre, il fut en butte au mépris des
mandarins et soumis à de grandes privations, sans pourtant
avoir subi aucune torture ou supplice. Malgré les adoucissements
que lui fit procurer Monseigneur le vicaire apostolique du Su-
Tchuen oriental par l'entremise de quelques chrétiens, le souvenir des peines de sa captivité lui faisait encore impression quand
il me les racontait. Il m'a paru en particulier fort blessé des
mépris que les Chinois faisaient de sa qualité de Français. Souffrir et être méprisé pour Jésus-Christ, c'est un bonheur; mais
un cœur français, comme celui de l'abbé Durand, ne peut consentir à voir des manants fouler aux pieds l'honneur national.

» Je sais qu'il eut beaucoup plus à se plaindre qu'un autre de
mes Missionnaires arrêté l'année précédente (je crois), mis dans
la même prison et renvoyé à Canton. M. Durand fut plus heureux en ce qu'il put se faire délivrer en route, sans retourner jusqu'à Hong-Kong; mais il fut beaucoup plus fatigué et plus
péniblement affecté.

» Ce serait pour moi une consolation, Monsieur, de pouvoir
vous citer des faits plus circonstanciés; mais comme en Mission
nous rions de tout cela, je n'y attachais pas le prix que j'y met-
trais aujourd'hui. »

Pour rendre l'épreuve plus complète, l'abbé Durand nous
apprend lui-même que les accès d'une fièvre violente vinrent le
surprendre pendant sa captivité.... Grâce à son esprit d'à-propos
et à l'amabilité de son caractère, il trouva le moyen de gagner
les gardes qui le reconduisaient à Canton, et s'évada. C'est alors
qu'il fit la rencontre de M. Desgodins, maintenant de retour de
Canton où il avait été ramené l'année dernière.

A partir de ce moment notre Missionnaire cessa d'être inquiété
par la police : il est vrai qu'il était alors muni d'un passe-port; un

de ses confrères le lui avait prêté : grâce à cette pièce importante, écrite en chinois et portant la signature et le sceau du consul français, notre ami pouvait se dire, et il nous l'écrivait en effet : « Si les mandarins m'y prennent encore, je suis résolu de leur faire payer cher les avanies qu'ils m'ont faites et de les forcer à me traiter avec honneur. Que l'on se trouve neuf quand on entre en Chine pour la première fois ! C'est assez d'une ! à la seconde !... mais il ne faudrait pas que nos Français se laissassent duper par les Chinois à Pékin ; ce serait le cas alors de nous préparer pour le grand voyage, ou bien de creuser des tanières plus profondes que celles des renards. Et les pauvres chrétiens, mon Dieu ! comment ne seraient-ils pas traités !! »

Mais si le passe-port et l'expérience abritaient l'abbé Durand contre les poursuites des autorités chinoises, les rebelles furent encore pour lui l'occasion de lourdes fatigues et lui créèrent de bien grands périls. Arrivés à Li-Ping, quatre ou cinq jours de marche le séparaient à peine du terme de son voyage et de son évêque. Contre son attente, à deux lieues par delà la ville, près de dix mille rebelles obstruaient la route. Trois courriers envoyés en éclaireurs rencontraient sur leurs pas des familles entières qui émigraient, des marchands qui s'enfuyaient, et la terreur était partout. Il fallut contourner cette route, remonter vers le Nord, passer par les montagnes qui servent de frontières au Thibet, et redescendre ensuite vers Ta-Lin-Pin , où était Mgr Thomines.

« L'itinéraire que nous suivions était encombré de gardes nationaux. Ils nous arrêtèrent à deux reprises. Une première fois nous dûmes notre délivrance au chef du poste même, qui était chrétien, et qui osa répondre pour nous devant ses compatriotes. Sans sa présence, je ne sais pas trop ce que nous serions devenus, à une époque où tout inconnu était jugé coupable du crime de rébellion, et où chaque citoyen avait le droit de couper la tête à son semblable. Deux jours auparavant, on avait, à ce même poste, décapité deux voyageurs ; et le lendemain on y arrêtait dix-huit hommes, qui eurent le même sort.

Une deuxième fois nos caisses furent ouvertes dans un marché, et, à la vue de nos livres et de nos ornements, chacun s'écria que nous étions des rebelles : aussitôt grand rassemblement populaire. Heureusement pour nous, une courageuse néophyte étant accourue au bruit de notre arrestation, déclara hautement que, bien qu'elle ne nous connût pas, elle reconnaissait parfaitement nos effets comme appartenant à des maîtres de la religion chrétienne. On nous renvoya sur sa déclaration, mais avec un certain regret : « Ce long nez, disait l'un en parlant de moi, n'annonce rien de bon. » — « Non plus que cette barbe rousse et ces yeux de chat, ajoutait un autre. » Mon nez avait vu déjà trop de monde pour s'effrayer de cette mésaventure, et il passa quand même.

Une autre fois encore, dans la gorge d'une montagne, nous faillîmes recevoir la décharge d'un poste établi au fond d'un ravin. Il nous fallut exhiber le contenu de nos malles, et prouver que nous n'étions pas des bandits. Sur un parcours de cent lieues, nous avions presque tous les jours des alertes semblables. Fort heureusement que la Providence avait échelonné, sur tous les points dangereux, des familles chrétiennes, qui nous conduisaient de stations en stations et répondaient pour nous devant les gardes nationaux. Après un mois de route par les montagnes, nous pûmes enfin rejoindre notre vicaire apostolique, qui nous attendait avec impatience. »

« Quand l'abbé Durand arriva près de moi, dit Mgr Thomines, que nous fûmes pleins de joie ; mais qu'il était fatigué ! Aux poursuites des autorités chinoises et à celles des rebelles avaient succédé les dangers terribles des postes ruraux qui, sur tous les chemins, empêchaient la circulation, sans autre règle que le caprice de chacun. Je venais d'être informé qu'on avait, sans pitié et sans vouloir attendre des renseignements, mis à mort des hommes honnêtes, et un rebelle reconnu comme tel devint l'affreux repas des familles de la contrée qui se partagèrent ses chairs. »

XVI

Au Su-Tchuen : Courses apostoliques

Tous ces obstacles et tous ces périls n'avaient pas abattu le courage de M. Durand. Placé au mois de juin dans une hutte chinoise au milieu des montagnes qu'habitent les Galo, peuple à peu près sauvage, tranquille d'ailleurs, et n'ayant plus rien à craindre des mandarins, il apprit avec ardeur la langue chinoise sous la direction d'un maître qu'il avait amené de Su-Ten. Il fit des progrès rapides, ne tarda pas de la parler avec facilité, étudia le Thibétain, et les indigènes admiraient avec quelle justesse de prononciation, il saisissait les inflexions les plus délicates de leur langue.

A peine un mois s'était écoulé, que l'abbé Durand fut chargé, par Mgr Thomines, de visiter les districts de Min-Chân et de Ja-Tchen, privés de Missionnaires depuis près de deux ans. Les rebelles se trouvaient précisément au centre de ces parages, et y mettaient tout à feu et à sang. Il partit sans retard ; le lendemain de l'Assomption, il descendait cette route de traverse qu'il avait suivie en venant. « Cette fois j'allais seul, dit-il. J'avais déjà pu auparavant, à la vue de certaines villes incendiées, me faire une idée de la fureur des bandits ; mais quand je fus à même d'observer en particulier et de près ce que je n'avais vu qu'en général et de loin, oh ! alors je fus saisi d'une profonde émotion. Presque chaque famille portait des traces du passage de ces brigands : ici, des mères entourées de jeunes enfants qui venaient implorer à genoux du secours pour ces petites créatures, dont le père était devenu la victime ou la proie des rebelles ; là, des parents qui se lamentaient sur la perte de leurs enfants ; des maisons pillées, des villages en cendres, des cités démolies ; des cadavres gisant le long des routes, hideuse proie des corbeaux, et souvent même pâture des passants ; partout la désolation, la terreur et la fuite.

» Pendant trois mois, les rebelles ne firent que sillonner en tous sens ma paroisse provisoire, achevant de détruire ce qu'ils avaient épargné une première fois. A l'époque où je visitais les chrétiens, c'était un mahométan à la tête de douze mille hommes, qui ravageait mon district. Heureusement il était assez vaste — cinquante lieues en long comme en large — pour que j'eusse le moyen d'éviter la rencontre de l'ennemi ; mais si je pouvais me soustraire aux coups des rebelles, il m'était impossible d'éviter les Tôuân-Chân ou gardes nationaux, qui occupaient jusqu'aux moindres sentiers. Cette milice, organisée avec ou sans l'autorité du mandarin, se livrait alors à des atrocités inouïes. Vous passiez devant un poste : on vous demandait votre nom, votre profession, le lieu de votre naissance ; et puis le chef de poste interrogeait ses soldats : — « Connaissez-vous cet homme ? — Non. — Mais je suis un habitant de telle ville ; je fais le commerce dans plusieurs localités. — C'est bien, c'est bien, tu es un rebelle ; qu'on lui coupe la tête. » Etait-ce un transfuge qui, emmené de force par les brigands, essayait de regagner ses foyers ? on ne prenait même pas la peine de l'interroger ; après l'avoir dépouillé de ses vêtements, on le massacrait sur place, malgré toutes ses protestations d'innocence.

» Nous avions dans une vallée appelée Ten-Ki-Kou, un collége où nos enfants apprenaient le latin ; une troupe de rebelles, passant près de la maison, s'empara de plusieurs élèves ; quelques mois plus tard, nos jeunes captifs trouvèrent moyen de s'échapper. L'un d'eux n'ayant pu fuir aussi vite que les autres, et s'étant assis de lassitude sur la route, fut trouvé là par des gardes nationaux, qui le massacrèrent, sans pitié pour son épuisement et pour son âge.

» C'est au milieu de ces hordes rivalisant d'excès, et parfois coalisées pour le pillage, qu'il me fallait faire mes courses, soit de jour, soit de nuit. Le bon Dieu m'a protégé contre tout accident ; que son saint nom soit béni ! Après trois mois de dévastation, les rebelles quittèrent mon district, et se dirigèrent un peu à l'Est ; nous commençâmes à respirer : bientôt nous cessâmes d'entendre le tam-tam, le canon, et les cris sauvages des gardes nationaux ; enfin, ma paroisse était libre. Je continuai l'exercice de mon ministère avec une nouvelle ardeur. Sur ces entrefaites, Mgr Thomines m'envoya un confrère nouvellement arrivé, M. Biet, qui devait m'aider à achever ma tournée le plus promptement possible, parce que, vu la tournure que prenaient les affaires de Pékin, il était probable que nous serions bientôt sur le chemin de H'Lassa. Aussi, lorsque notre visite fut terminée, c'est-à-dire, après que nous eûmes parcouru vingt stations en six mois, et entendu seize cents confessions, fûmes-nous rappelés auprès de notre évêque, pour nous entendre sur notre grand voyage au Thibet.

» Nous décidâmes d'un commun accord que, puisque les circonstances étaient favorables, nous partirions sans délai, laissant à jamais la Chine, qui n'avait été pour nous qu'un lieu de passage. Ce projet comblait mes vœux, et bien que je relevasse à peine d'une maladie sérieuse, suite de mes récentes et excessives fatigues, je me sentis subitement rempli d'une nouvelle vigueur. »

XVII

Du Su-Tchuen au Thibet.

Que l'abbé Durand nous raconte lui-même les accidents de ce voyage :

« Me voilà donc en route avec un confrère, chargés tous deux de veiller sur les bagages. Quoique notre équipage ne fût pas brillant (des ânes et des mulets en faisaient tout le luxe), néanmoins les mandarins, à notre approche, descendaient de cheval pour nous saluer. C'est que, en tête de la caravane, flottait le drapeau français, sur lequel nous avions écrit en gros caractères : *France et Thibet*. — « Voilà la France qui passe, » disait-on sur notre route ; puis chacun se rangeait sur le bord du chemin, pour laisser à ses libres allures le mulet qui nous servait de porte-étendard. Nous en agissions ainsi parce que nos passe-ports nous y autorisaient, et qu'à l'ombre des couleurs nationales nous étions, comme personnages officiels, complètement affranchis des droits de douane.

A ce brusque revirement des choses, on reconnaît la main de Dieu, qui se joue à son gré des pensées des rois et des passions des peuples. Notre espoir est qu'il en va sortir bien des conversions. Jusqu'ici les deux grands obstacles à l'établissement du catholicisme en Chine étaient la prohibition de la loi et l'orgueil national. Or, en vertu du traité de paix, la proscription légale est abolie, et d'autre part, nos armes ont porté de trop rudes atteintes à l'infatuation chinoise pour qu'elle s'en relève jamais. Cependant il faudra tout le zèle des apôtres, joint à une grâce spéciale de Dieu, pour abattre ces idoles séculaires. A d'autres est réservé le couronnement de cette œuvre déjà commencée. Pour nous, parvenus sur un autre point de l'empire du démon, nous allons lui déclarer la guerre parmi de nouveaux peuples, guerre que nous ne finirons, avec la grâce du bon Dieu, qu'au dernier soupir de notre vie.

» Arrivons à Tà-Tsièn-Loù. Cette ville est bâtie dans le fond d'une gorge rocheuse et aride ; rien de remarquable ne la distingue des autres cités chinoises, sinon que sa population est à demi-thibétaine, et qu'elle est comme la porte du Thibet.

» Pendant notre séjour à Tà-Tsièn-Loù, je ne sais trop comment ma réputation d'horloger se répandit dans la ville, mais toujours est-il que le mandarin militaire m'envoya une vieille patraque de montre, dont la pareille est encore à trouver chez les antiquaires de Paris ; plus tard je reçus des pendules, des boîtes à musique, etc. Comme je n'avais pour le moment aucune occupation sérieuse, je m'amusai à redonner la vie à toutes ces vieilles machines paralysées. On s'étonnait surtout de mon désintéressement : « je ne ruinai pas le public, disait ma clientèle, comme les horlogers de Quang-Tong ». En effet, je ne demandais point de salaire ; néanmoins, pour reconnaître mes services, on voulut me faire accepter quelques paquets de chandelles pour le voyage.

» Avant de quitter Tà-Tsièn-Loù, il nous fallait organiser une caravane pour porter nos bagages, et en même temps nous mettre à l'abri des brigands qui infestent le désert où nous allions entrer. Nous réunîmes le plus de gens que nous pûmes, et le 1er mai, jour fixé pour le départ, notre troupe défilait dans la direction de H'Lassa. »

La caravane fit route à travers les montagnes, gravit successivement les plateaux de Ly-Tang et de Pa-Tang, côtoya quelques jours le fleuve Kin-Cha-Kiang, sur lequel, l'année précédente, à l'époque de sa captivité, l'abbé Durand avait navigué pendant plus d'un mois, et atteignit enfin le plateau de Kiang-Ka, aux premiers jours du mois de juin 1861. « Tandis que nous cheminions lentement sur nos mulets et nos bêtes de sommes, écrit Mgr Thomines, à travers les roches, dans des montagnes, dans des pays sauvages et presque déserts, c'était l'abbé Durand qui égayait la caravane et nous faisait oublier la fatigue et les ennuis par des cantiques pieux et les chants de la patrie... » (Lettre à M. Clastron.)

« Kiang-Ka est une bourgade dans le genre de Ly-Tang et Pa-Tang; il est gouverné par un mandarin militaire chinois, et par un fonctionnaire thibétain. Le pays est découvert et élevé; depuis que nous y sommes arrivés, nous n'avons pas encore pu habituer nos poumons à la rareté de l'air; cependant nous commençons à respirer facilement. Nous avons trouvé ici M. Renou notre confrère, qui était auparavant à Bonga; il en a été chassé par les indigènes, qui, après l'avoir volé, ont même attenté à sa vie. Il était là depuis près de trois ans, attendant avec une héroïque patience que justice lui fût rendue. A notre arrivée, le mandarin chinois, effrayé de voir apparaître en si grand nombre des Européens munis de passe-ports, a donné immédiatement des ordres pour que l'affaire se terminât promptement. Nous attendons ici l'issue de ce procès, puis nous nous séparerons, les uns, pour aller à Bonga, à dix journées de marche, et les autres, pour se rendre à H'Lassa, à deux mois de distance. Où irai-je? je n'en sais rien : mais ce sera toujours où le bon Dieu voudra. »

Après plusieurs alternatives d'espérance et de déception, son séjour d'ailleurs devenant inutile par le mauvais vouloir des autorités, Mgr Thomines résolut de continuer son voyage. Il espérait en outre que le mouvement et l'air pur des montagnes apporteraient une amélioration à sa santé. Il partit donc avec M. Renou et M. Desgodins, et laissa à Kiang-Ka M. Durand, avec M. Goutelle et M. Fage.

XVIII

Thibet : Luttes à Kiang-Ka

C'était alors le moment où le diable, jaloux de garder sa dernière forteresse, faisait dans sa capitale un effort désespéré

pour barrer le passage à l'Évangile. Il soufflait sa haine infer-
nale à l'ambassadeur chinois et aux trois grandes lamaseries de
H'Lassa. Réveillés par l'approche des prédicateurs de la Religion
chrétienne, tous ces ministres de l'enfer se réunirent sans doute
dans leurs pagodes, et, au nom de Satan, leur guide et leur
conseiller, anathématisèrent le Christ et sa doctrine. Alors on
vit tout ce que peut la rage du démon dans les limites que lui
trace Celui qui tient l'enfer sous sa domination. Trois émissaires
furent envoyés de H'Lassa avec ordre de chasser les Missionnaires,
ou, s'ils ne voulaient point partir, de les réduire par la famine,
et, si ce moyen n'était pas assez expéditif, de les garrotter et
de les jeter à la rivière. Il fallait prendre un parti et faire face
courageusement aux nouvelles circonstances : « nous nous arrêtâ-
mes à celui de ne quitter le poste que lorsque le gouvernement
chinois lui-même nous aurait fait enchaîner pour nous éconduire.
Nous fîmes déclarer au capitaine que nous étions au Thibet au
nom des empereurs français et chinois ; que le Thibet relevait de
la Chine, et que par conséquent il fallait que ce fût au nom du
gouvernement chinois que nous fussions expulsés ; qu'en outre,
des paroles, des conseils, des menaces même ne suffiraient pas
pour nous déterminer ; qu'il nous faudrait des chaînes; qu'ainsi
on pouvait se dispenser de toute espèce d'exhortation ; que nous
mourrions plutôt que d'abandonner le poste. « Le soldat fran-
» çais, dîmes-nous au mandarin, ne recule point sur le champ de
» bataille; le Missionnaire, soldat de Dieu, ne recule pas non plus:
» l'un sait mourir pour la gloire et le salut de la patrie, l'autre
» meurt aussi pour la gloire de son Dieu et le salut de ses frères. »
Quelques jours après cette déclaration, les autorités voyant
que les Missionnaires demeuraient fermes dans leur résolution,
et le mandarin chinois craignant de se porter à une extrémité
qu'il présumait devoir lui coûter cher, celle de les faire enchaîner pour les reconduire en Chine, on essaya de la famine. Un
édit défendait de leur vendre des vivres, du bois, etc., etc., de
les voir, de leur parler, etc., etc. ; la moindre peine pour les
infracteurs de l'édit était la peine capitale. « Nous ne sommes
point à la fin de nos misères, dîmes-nous en souriant; mais n'importe, soyons joyeux quand même jusqu'au bout de l'épreuve
que le bon Dieu nous envoie. Nous avons encore de quoi vivre
pour huit jours environ ; après nous tuerons nos mulets, puis,
notre chien et notre chat : le tout nous conduira bien à trois

semaines ou un mois, et, d'ici là, la Providence saura nous ménager quelques secours. Une seule difficulté se présentait; il ne suffisait pas d'avoir de quoi mettre dans la marmite, il fallait encore pouvoir la faire bouillir; or, nous n'avions de bois que pour deux jours, et il est difficile d'en trouver aux environs de Kiang-Ka. »

Des menaces, faites par les Missionnaires, déconcertèrent le cheou-py ; il fut alors permis de leur vendre, mais avec l'autorisation du dhéba, et en quantité très-modique, « c'est-à-dire, écrit l'abbé Durand, que nous étions à la ration. Cependant il valait encore mieux une ration de yak [1] que de chien ou de mulet. Notre situation n'en était néanmoins guère améliorée. Nous étions de vrais prisonniers ; nous sortions encore pour aller nous promener derrière la ville, mais avec précaution; notre vie était en danger : nous le savions, mais à notre vie faisait contre-poids l'établissement de la mission du Thibet. Si nous avions consenti à partir, les honneurs chinois nous auraient accablés sur la route; rien ne nous aurait manqué ; mais aussi la mission devenait impossible après notre départ. Nous avions en mains des pièces légales; c'était le moment de vaincre ou de mourir. »

Pendant longtemps ils demeurèrent isolés dans leur pauvre habitation ; personne n'osait plus les visiter ou leur rendre le moindre service ; ils étaient proscrits, leurs gens étaient proscrits comme eux ; plus de nouvelles soit de la Chine, soit de leurs confrères ; on leur cachait tous les écrits de Pékin; les traités conclus récemment entre la France et la Chine étaient violés avec la plus criante injustice; on les insultait, on les maudissait; on faisait dans les prières de solennelles imprécations contre eux ; les soldats brûlaient ou interceptaient les lettres qu'ils écrivaient par la poste, bien que revêtues du sceau du mandarin ; d'autres parlaient de les assassiner ; les scélérats qui avaient volé Bonga et essayé de brûler l'établissement se félicitaient publiquement de leurs crimes; et témoignaient hautement le regret de n'avoir pas tué M. Renou et M. Fage. Les lamas surtout se riaient des Missionnaires. « Voyant le gouvernement chinois opposé à notre entrée dans le pays et par conséquent à l'entrée de la Religion, ils triomphaient ; on les voyait parfois rire dans la rue à notre sujet: on aurait cru voir Satan ricaner sur leur visage. Ce n'était point assez de nous avoir réduits à la famine, on tâchait encore

___
[1] Bœuf du Thibet.

de soulever le peuple contre nous; on envoyait des exprès à H'Lassa et jusqu'à Tà-Tsien-Loù avec des ordres pour tous les mandarins de la route de nous regarder comme des perturbateurs, de nous couper tout moyen de subsistance, d'empêcher nos gens de venir de l'extérieur nous porter secours; en un mot, la haine de l'enfer soufflait sur tous les points même les plus reculés du Thibet. »

Leurs confrères de Tcha-Mou-Lo réclamèrent vivement auprès du tong-liu (colonel), et lui demandèrent la prompte expédition d'officiers subalternes pour les tirer du danger où ils étaient. Les officiers arrivèrent à Kiang-Ka dans quatre jours, avec ordre de faire retirer immédiatement l'édit de famine. Le chéou-py, déconcerté, n'eut qu'à obéir sans réplique.

Les épreuves des Missionnaires duraient presque depuis un an, quand le bon Dieu sembla vouloir alléger leurs misères et faire luire à leurs yeux un rayon d'espérance. Un dag-peun (général) de H'Lassa fut envoyé pour juger le procès, et en même temps des lettres arrivèrent du Tcheu-Lou qui ordonnaient au lean-tay (préfet) de Pa-Tang, de terminer cette affaire.

Il était pénible pour le cœur des Missionnaires d'être réduits à demander justice à des tribunaux païens. S'il s'était agi de leurs injures personnelles, ils les auraient pardonnées de grand cœur, à l'exemple de Celui qui veut que nous pardonnions à nos ennemis. Mais fallait-il abandonner une mission de jeunes et nouveaux chrétiens, avec la chance inévitable que leurs âmes tomberaient en enfer? Fallait-il renoncer aux fruits pleins d'espérance que nos courageux confrères avaient obtenus au prix de si rudes labeurs? Fallait-il en un mot renoncer à la mission du Thibet! Car renoncer à Bonga, c'était renoncer au seul pied-à-terre qu'ils eussent dans le pays, et cela pour épargner des assassins, des incendiaires, des suppôts de l'enfer! Non ; les Missionnaires étaient tenus de prendre les moyens efficaces pour réprimer leurs atrocités.

« Et pour prouver à tous ces messieurs, écrit l'abbé Durand, que nous n'avions peur ni d'eux ni de leur vénal ambassadeur, et que notre dessein était de continuer à soigner et à augmenter la petite chrétienté de Bonga, nous déclarâmes que j'allais partir pour cet établissement, et qu'ainsi l'on eût à donner des ordres sur la route pour la sécurité de mon voyage. »

XIX

Thibet : Voyage à Bonga.

L'abbé Durand partit de Kiang-Ka, le 22 mai 1862. Il traversa Pa-Tang, et après six jours de marche, il arriva au Lan-Tsan-Kiang, grand fleuve qui, après avoir traversé le Yun-Nan, et l'empire d'Annam, se jette par le Camboge dans la mer des Indes.

Il fallut le passer sur un pont coulant. Dans une lettre que les *Annales* ont publiée, l'abbé Durand a décrit lui-même les détails de ce pont ; le lecteur les lira avec d'autant plus d'intérêt que c'est sur un pont semblable que notre héros doit mourir un jour. « Voyez, lui dirent les guides, les deux cordes tendues au-dessus du fleuve ; par l'une on s'en va, et par l'autre on s'en vient. Je m'approchai alors, et je vis en effet deux poteaux solidement fixés en terre, à une distance d'une quinzaine de pas l'un de l'autre, et sur lesquels étaient attachées deux cordes dont l'inclinaison était en sens contraire : ces deux cordes, fortement tendues sur le fleuve, allaient s'enrouler de l'autre côté sur deux autres poteaux semblables. Je compris alors comment, par la corde qui inclinait vers l'autre rive, on glissait de l'autre côté, et comment on revenait par celle qui inclinait vers notre bord. Cependant, comme il n'y avait sur ces cordes aucun instrument, le problème du passage n'était pas encore résolu pour moi, et il me tardait de voir comment on me le ferait exécuter. Au moment où je m'y attendais le moins, je vis arriver comme un trait sur l'une des cordes un homme chargé de courroies et de pièces de bois : c'étaient les uniques instruments destinés à passer hommes, bêtes et fardeaux. Cette pièce de bois, de trois à quatre décimètres de long sur un décimètre de large, n'est autre chose que la moitié d'un cube cylindrique qu'on aurait coupé par le milieu. Quand on veut filer sur le pont, on passe une courroie dans l'anse qui se trouve sur la courbure du demi-cylindre ; on applique le bois sur la corde de manière à ce que celle-ci passe d'aplomb dans la rainure ; puis, après s'être fait comme un siége de la courroie, on se laisse glisser tenant le

bois des deux mains et sans toucher la corde, qui, vu la rapidité
avec laquelle on file, couperait par le frottement tout ce qui
serait en contact avec elle. Il faut surtout avoir soin de ramasser
ses cheveux et ses habits de manière à ce qu'ils ne puissent
point s'accrocher au passage. Le bois qui sert à passer les animaux est ordinairement plus fort ; on attache l'animal sous le
ventre, à l'avant et à l'arrière, et on le fait glisser de la même
manière. La corde du pont est faite avec la peau des bambous
fendue en larges filaments solidement tressés. L'inclinaison du
pont coulant est ménagée de façon que, lorsqu'on est sur le
point d'arriver à l'autre bord, il y a, à cause de la courbure
que fait la corde à cet endroit, un ralentissement subit qui empêche d'aller se briser contre le poteau. A Paris, on a fait des
ponts coulants pour s'amuser : ce sont de jolies miniatures ;
mais si nos Parisiens voulaient venir voir au Thibet ce que c'est
qu'un pont coulant, je doute fort qu'en glissant avec de pareils
instruments au dessus de fleuves qui roulent en torrents épou-
vantables, l'amusement les fit beaucoup rire. »

Après avoir traversé le fleuve, séjourné quelques jours dans
un village appelé *les Salines,* et franchi quelques montagnes
couvertes de forêts et de neige, la petite caravane arriva sur un
plateau où le voyage devint extrêmement périlleux. Une neige
fine et serrée obscurcissait l'air tout à l'entour, et empêchait de
distinguer à quelques pas devant soi ; on marchait à tâtons sur le
bord des précipices. « Obligés de descendre de mulet pour nous
réchauffer par la marche et soulager les animaux, nous étions
enfoncés dans la neige jusqu'à la ceinture, et la lenteur avec
laquelle nous allions pour ne pas nous engloutir nous glaçait
tout le corps. Tout le monde gardait un morne silence ; on n'entendait que le cri des muletiers, qui excitaient les animaux abat-
tus dans le sentier qu'on leur avait tracé, et qui menaçaient de
ne plus se relever. On était obligé d'avancer lentement, et cependant il ne fallait pas s'arrêter : malheur à qui se serait reposé
un instant sur ce plateau de glace ! la mort l'aurait surpris dans
son repos. Enfin, après plus de trois heures de froid, de tâton-
nements et de frayeur, nous pûmes quitter ce sommet redoutable
et descendre le versant opposé de la montagne. En traversant
le plateau, j'avais senti que le reflet de la neige, bien que le
soleil fût obscurci par les nuages, me brûlait la figure ; mais je
n'avais pas pris garde aux yeux.

Le soir, nos voyageurs souffrirent dans les yeux des douleurs atroces. Le repos devint nécessaire, mais il fut court ; à travers mille et une difficultés, l'abbé Durand arriva enfin dans la province de Tsa-Rong, où se trouve Bonga. « Je fus reçu par le peuple à bras ouverts, s'écrie-t-il : œufs, tsam-pa, viande, eau-de-vie, mes sacs ne suffisaient plus pour tout contenir ; je fus un jour prié par les lamas d'une petite lamaserie de Peun-Bo d'aller boire le thé chez eux ; je me rendis d'autant plus volontiers à leurs sollicitations que ces lamas avaient plus de tendance que ceux des autres sectes à renoncer à leurs idoles et à s'instruire de notre sainte Religion. Ils me conduisirent dans leur pagode, où ils m'avaient dressé comme un petit trône thibétain avec leurs plus beaux tapis. Cette fois j'étais intronisé pouhssa au milieu des pouhssas mêmes ; mais, tandis que ceux-ci se contentaient de faire des grimaces hideuses et de tenir une bouche constamment béante, je faisais meilleure contenance et m'administrais quelques bonnes tasses de thé beurré. Ces lamas me promirent de venir sous peu se faire instruire de la Religion chrétienne, qu'ils avaient un grand désir de connaître. Le chef de la petite lamaserie me paraissait surtout aimable, et portait sur son visage les traits de la franchise la plus ouverte. »

De nombreuses aventures accidentèrent encore ce voyage : on peut les lire dans les *Annales*, qui en ont raconté tous les détails, et ce fut le 1er juillet seulement que notre cher Missionnaire arriva à Bonga. M. Goutelle, qui l'y avait précédé depuis le mois de décembre, le reçut à bras ouverts.

« Bonga est situé dans une vallée étroite et formée par des montagnes très-rapides et à pics en certains endroits ; un torrent assez considérable coule au fond du ravin. Le froid y est piquant en hiver, sans y être excessif ; l'été y est chaud. Le terrain, quoique sablonneux, y est assez fertile ; il produit à peu près toutes les céréales, mais point de fruits. Le noyer paraît être le seul arbre fruitier qui puisse y prospérer. Les animaux sauvages, entre autres le daim musqué, l'antilope, le renard tricolore, le singe, l'ours, la panthère, la chèvre sauvage, etc., etc., abondent dans les forêts d'alentour. Nos chemins de Bonga ne valent pas nos routes impériales, ni nos départementales, pas même nos communales de France. J'en eus une idée en allant visiter un chrétien chinois, malade à trois jours de Bonga, dans une petite chrétienté, sur les limites du Yun-Nan, et qu'on nomme Tcha-

Mou-Tong. Pour y arriver, il faut voyager par eau, par terre, et puis encore par air. La voie d'eau est assez scabreuse, parce que l'on n'a, pour résister au courant et aux vagues d'un fleuve large et profond, qu'une petite pirogue tellement étroite qu'on peut à peine y placer les deux jambes, et pour tout pilote, qu'un Lou-Tsé, armé d'une perche en forme d'aviron. Avec cet équipage, il faut éviter les tourbillons, filer au courant de l'eau sans balancement, car le moindre nous mettrait à fond; puis, après avoir navigué ainsi l'espace de deux lieues, il faut aller prendre terre sur la lèvre d'une cascade affreuse qui brise avec fracas ses eaux sur une masse d'énormes rochers. La voie de terre est plus dangereuse. Tenir l'équilibre sur un sentier large comme la main, en pente sur le fleuve ou sur un précipice; aller d'une pointe de rocher à une autre, à une distance de plusieurs mètres de terre; marcher sur des racines d'arbres ou de légères branches, jetées en pont entre deux rochers, séparés par un abîme; tourner un roc énorme, à pic sur le fleuve, dans une entaille où porte à peine le tiers de votre semelle; enfin, à l'aide d'une liane tendue, glisser le long d'un roc luisant et parfaitement poli jusqu'au fleuve, sans brèche pour mettre le pied : voilà la tâche du voyageur. La voie par air surpasse encore les deux autres. J'appelle voie par air des échelles, ou plutôt des troncs d'arbres sur lesquels on a fait, de distance en distance, des entailles peu larges et peu profondes, et qui sont appliqués, presque debout, les uns au-dessus des autres, contre la roche au haut de laquelle on veut arriver. Il faut poser sa chaussure et prendre bien garde de ne pas mettre le pied à côté de l'entaille ; l'inadvertance serait impardonnable et on arriverait promptement au bas. La voie par air, c'est encore quand on grimpe, comme les ramoneurs, le long d'une excavation pour retrouver son chemin au haut du rocher, ou bien, comme les fumistes, le long d'une liane attachée au sommet, et dont on ne peut apprécier la solidité que lorsqu'on est arrivé. Voilà les chemins que j'ai suivis dernièrement pendant trois jours. Mon retour, vu l'humidité des rocs, des ponts, des échelles, des lianes, causée par une longue pluie qui venait de tomber, avait un intérêt de plus. Souvent les choses allaient plus vite que par un temps sec.... Depuis que je suis au monde, je n'avais jamais vu de pareils chemins. Avec du sang-froid et beaucoup de gymnastique, on en vient à bout.

M. Fage arriva à Bonga deux mois environ après l'abbé Durand, et MM. Renou et Desgodins, obligés de renoncer à leur voyage de H'Lassa, d'abord à cause du mauvais vouloir des autorités, ensuite à cause des troubles survenus dans cette capitale du Thibet, ne tardèrent pas à les rejoindre. Ils restèrent plusieurs mois tous réunis, attendant les desseins de la Providence sur eux et sur le pays qu'ils étaient venus évangéliser. Enfin ces desseins parurent se déclarer. Le village thibétain d'Aben, à quatre lieues de Bonga, demanda un Missionnaire. Ce fut M. Goutelle qui y alla quelques jours après. Le village lou-tsé de Soun-Ta en a fait autant, et M. Desgodins partit le surlendemain pour aller s'y établir. Ce village, à un demi-jour de Bonga, compte environ deux cents personnes. Il était probable que celui de Long-Pou se ferait aussi chrétien, et qu'ainsi M. Desgodins aurait sous peu une chrétienté de plusieurs centaines de lou-tsés. M. Renou s'en alla à Lan-Teu ou à Pa-Tang, à la rencontre des courriers de Chine, et tâcher de faire un nouvel établissement. M. Fage dirigea Bonga et sa chrétienté, qui comptait près de quarante personnes, dont plus de trente étaient baptisées. Quand à M. Durand, il attendait tous les jours le chef des Peun-Bo pour lui enseigner le latin, car ce lama désirait devenir prêtre. Ancien professeur de philosophie à H'Lassa, et d'un jugement perspicace, il ne pouvait manquer de faire de rapides progrès, et devenir bientôt l'apôtre de sa secte. « Il y a lieu d'espérer qu'après toutes nos misères nous allons faire l'œuvre de Dieu dans ces pays reculés, écrit l'abbé Durand. Oh! si le Thibet voulait enfin écouter la voix de ceux qui lui sont envoyés! le triste souvenir de ses fureurs diaboliques serait bientôt effacé de notre esprit. Nous nous croirions dédommagés au centuple des avanies qu'il nous a faites, et nous recevrions à bras ouverts, pour les faire héritiers du royaume des cieux, ceux qui voulaient nous chasser de leur pays. Pauvre Thibet! plusieurs fois déjà tu as fermé l'oreille à la bonne nouvelle ; plusieurs fois, tu as repoussé le signe du salut en le maudissant; plusieurs fois, tu as maltraité les messagers de Jésus-Christ; mais, disciples d'un Dieu clément, quand ta bouche blasphémait contre eux, dans leur cœur, ils ne savaient que te bénir; quand tu les rejetais comme des perturbateurs, ils désiraient plus ardemment encore te faire participant de la grâce du christianisme ; quand, jurant leur mort, tu leur refusais le pain matériel, ils voulaient ta vie et t'offraient le pain spirituel de la vérité ; plus tu les haïssais, plus ils t'aimaient. Heureux si tu pouvais comprendre bientôt le feu de cet amour dont leur cœur brûle pour toi ! »

———————

XX

Persécution.

· Au mois de juin 1863, les bonzes de la lamaserie de Tsa-Dam, dans le Tsa-Rong, dont l'abbé Durand instruisait le chef, depuis l'année précédente, l'invitèrent à venir au milieu d'eux achever de les instruire. M. Durand se rendit bien vite à cette invitation, et, dès le lendemain, il écrivait à M. l'abbé Farnarier :

« Me voilà dès aujourd'hui curé d'une lamaserie, et dès ce soir peut-être, de plusieurs villages qui l'avoisinent.

» J'ai demandé une pharmacie complète à mon père, ainsi qu'un attirail de papeterie, quincaillerie, librairie, coutellerie, optique, chimie, etc..., c'est assez pour sa part. M. Rivière et mes condisciples de Nîmes me feront l'aumône de divers ornements ; tout le monde sera convenablement rançonné. A toi, je demanderai, si tes ressources le permettent, une petite machine à commotion, de Clarke. Les Lamas, gent très-curieuse, viendraient se grouper autour d'une pareille machine, comme des alouettes autour d'un miroir ; ils riraient, crieraient, seraient ébahis, et tout en ayant l'air de leur expliquer le secret de cette merveille, je profiterais de l'occasion pour leur parler des œuvres de Dieu. — Si parmi nos anciens amis, tu en trouvais qui voulussent se prêter à m'envoyer quelques objets curieux, comme miroirs amusants, longues-vues, machines électriques, couteaux, ciseaux..., que sais-je encore ? en un mot, tout ce qu'on voudra...; rien n'est refusé à la maison de mon père, qui se charge de l'envoi. »

Que le Seigneur devait mettre de complaisance à considérer son apôtre si infatigable à la peine, si ingénieux dans ses industries, si aimable au milieu de ses travaux ! Mais aussi quelle n'était pas la furie et les rugissements de Satan ? Ce lion n'a pas une heure quitté la trace de notre ami, et de temps à autre, il nous arrive de ces régions lointaines comme les cris de détresse d'une âme sur le point d'être dévorée. Ecoutez : « Hélas ! mon ami, comme le temps s'écoule ! la rapidité de la vie ne m'avait jamais si vivement frappé ! Voilà déjà cinq ans que je suis prêtre, et ce n'est que d'hier dans mon souvenir. Nous marchons à grands pas vers l'Eternité ! nous arriverons bientôt à cette limite redoutable qui doit finir nos jours avec nos œuvres. Oh ! hâtons-nous dans nos travaux ; plus nous aurons défriché dans la vigne du Seigneur et plus content sera le Père de famille. Pendant que je cherche à réunir un troupeau dans la montagne, tu conduis le tien dans la plaine ; notre travail se ressemble dans sa fin ; il ne varie que dans sa forme ; je suis chasseur et tu es berger.... Garde-moi toujours ton amitié ; le Missionnaire, lui, n'oublie pas aisément ce qui l'attachait à sa patrie ; le souvenir de ses parents et de ses amis vient l'assaillir à certaines heures, avec une vivacité qu'il doit combattre comme une tentation ; laisse-moi répandre mon cœur dans le tien et te dire le besoin spécial que j'ai de tes prières ; le démon, furieux sans doute d'avoir échoué dans le dessein infernal qu'il avait formé de chasser les Missionnaires du Thibet, a juré la perte de ton ami ; il me livre des assauts redoutables dont la fréquence tend parfois à jeter mon âme dans le découragement ; oh ! viens à mon secours ; je t'en conjure au nom des liens que nous avons formés sur le sol de la patrie, au nom de l'intérêt que tu as toujours porté à mon âme, au nom de Jésus qui a daigné nous choisir pour ses apôtres, au nom de Marie, notre tendre et commune Mère, au nom de tous les Saints qui ont triomphé dans leurs combats de la terre ! Que Jésus me donne sa grâce et que je puisse m'écrier sans cesse avec un nouveau courage : *Non convertar donec deficiant !*... Adieu, cher ami ! que je sois au sommet des montagnes ou au fond des vallées, je penserai toujours à toi ! »

A sa famille, dans une lettre datée du lendemain, le Curé de la lamaserie de Tsa-Dam disait :

« Voici en deux mots quel est mon presbytère : un petit couvent ceint de murailles, dont les cellules sont pour la plupart en ruine, et le temple, assez bien conservé à l'intérieur. Dans ce temple sont les monstrueuses idoles de la secte des Peun-Bo, figures horribles dont Satan seul a pu inspirer les traits. Ces statues sont disposées autour de l'enceinte, d'après leur degré de puissance et leur rang d'antiquité. Au-dessus de la pagode est un grenier dont les coins et recoins sont encombrés de vieilleries diaboliques : petites idoles en cuivre et en bois, masques hideux de têtes d'hommes et d'animaux, vêtements superstitieux des lamas, tambours, trompettes d'ossements humains, vases des sacrifices, enfin tous les ustensiles dont se servent les ministres du diable au Thibet pour honorer leur maître. Et tout cela, que va-t-il devenir ? Le grand fleuve, qui roule ses eaux à Martaban (1), n'est qu'à deux ou trois cents pas d'ici.... Vous devinez : les idoles s'en iront, les unes après les autres ou peut-être toutes ensembles, par les portes et les fenêtres entreprendre un voyage qui renouvellera leurs formes vieillies. Le tambour appellera les nouveaux chrétiens à la prière. »

Le plan de campagne contre les idoles de la pagode de Tsa-Dam ne tarda pas à recevoir son exécution. M. Durand en rédige ainsi le bulletin, le 11 octobre 1863, dans une lettre adressée à sa famille :

« A part les peintures infernales qui couvraient la muraille, huit ou neuf monstrueuses idoles, assises dans le fond de la pagode, semblaient en imposer par leur stature et leur contenance. Un jour donc, je convoquai mes lamas pour leur faire part de mon dessein. Je demandai une hache, et, en leur présence, j'enfonçai le ventre du plus abominable dieu ; du premier coup il plia, et un second coup dans le dos le fit crouler entièrement. Le plus vieux de mes bonzes, par un reste de compassion, appuyait sur son bras la tête de sa pauvre vieille divinité ; un autre ramassait les débris qu'il jetait dans un panier, et un troisième m'aidait à extraire une tige de bois qui formait la colonne vertébrale du dieu. Un petit bonze de douze ans s'amusait pendant ce temps-là à distribuer des soufflets aux autres idoles, en leur disant : « A votre tour bientôt. »

» Malgré les précautions que j'avais prises, le bruit de cette première destruction des idoles se répandit par tout le pays. Comme toujours, la renommée grossissait les choses, et l'on disait que j'attachais une corde au cou des pouhssas (idoles), et que je les traînais au fleuve. C'était me supposer une force plus qu'ordinaire, car quatre bœufs seraient à peine venus à bout de

---

(1) Le *Lou-Tsé-Kiang*, qui se jette dans le golfe de Martaban, après avoir traversé une partie de la province chinoise du Yun-Nan et l'empire de Birmanie.

traîner un seul de ces pouhssas. Pour ne pas exciter davantage
la fureur des lamas, je m'arrêtai.»

La destruction des idoles demeura inachevée. Un orage se
préparait plus terrible que celui de 1858, et il éclatait au moment où la moisson déjà mûre appelait des ouvriers pour la
recueillir.

« La grande lamaserie de Ter-Ghi, située à deux heures du
théâtre des nouvelles conversions, raconte M. Durand (lettre du
11 octobre), était déjà venue nous supplier de ne pas pousser
plus loin nos conquêtes ; sinon les lamas se verraient réduits à
la mendicité. Nous avions répondu que, notre devoir étant de
porter la parole de Dieu au monde entier, personne ne pouvait
être exclu du privilége de l'entendre. Fermes dans cette réponse,
nous protestions hautement, devant les députés de Ter-Ghi et
devant le public, que nous prêcherions l'Evangile partout sans
exception.

« — Laissez-nous au moins la rive gauche du fleuve, disaient
» les lamas; contentez-vous de la rive droite. »

» Or, les habitants de la rive gauche n'attendaient que notre
arrivée pour se déclarer chrétiens. Mais on vint nous glisser à
l'oreille que des gens en armes nous attendaient sur l'autre rive,
prêts à faire feu. Nous ne crûmes pas prudent de braver l'exas-
pération des lamas, et, tout en protestant que nous avions le
droit et le devoir de prêcher partout, nous résolûmes d'attendre
des circonstances meilleures pour entreprendre la conversion de
la rive gauche. »

Désespérant de rien gagner par les supplications, les bonzes
de Ter-Ghi se tournèrent d'un autre côté. Après avoir donné
avis aux trois grandes lamaseries de H'Lassa des progrès du christianisme dans le Thibet, et de la ruine prochaine du boudhisme,
si l'on ne prévenait ce malheur par des mesures aussi promptes
qu'énergiques, ils se concertèrent avec les lamaseries du Tsa-Rong.
Il fallait, à tout prix, soustraire le peuple à l'action des Missionnaires. On le menaça à la fois et de la colère du roi et de la
colère des lamas. Les conversions s'arrêtèrent. C'était un premier succès: il parut insuffisant; on voulait mener les chrétiens
à l'apostasie.

Le bruit se répand bientôt qu'un édit vient de paraître à
Men-Kong, chef-lieu du Tsa-Rong, portant défense au peuple
d'embrasser la religion chrétienne; ordre est donné à tous ceux

qui feraient déjà profession de la dite religion de la rejeter au plus vite.

D'où vient cet édit? personne ne le sait ; mais tout le monde en affirme l'existence. Le lendemain, des satellites sont envoyés pour convoquer tous les villages du Tsa-Rong. Sur un avis de M. Durand, M. Fage quitte Bonga, et les deux Missionnaires se rendent ensemble à Men-Kong. Ils vont au prétoire demander communication de l'édit. On leur répond que l'édit ne les regarde pas ; et aussitôt les lamas et les habitants des villages du Tsa-Rong, déjà réunis au chef-lieu, sont appelés devant une commission, composée des sept principaux bonzes de Ter-Ghi et du vice-préfet.

Un satellite donne lecture à l'assemblée d'un écrit basé sur le prétendu édit royal, pour défendre d'embrasser la religion des étrangers de Bonga, et pour obliger à la renier ceux qui en auraient déjà fait profession. En témoignage d'adhésion, on demanda à chacun des villages d'apposer son sceau au bas d'une formule préparée d'avance. La terreur était assez générale pour que personne n'osât refuser. Restaient deux villages chrétiens. Un des satellites leur demande, au nom du roi, s'ils veulent se conformer aux ordres qu'ils viennent d'entendre. Ils s'excusent sur ce que, s'étant fait les disciples des Missionnaires, ils rougiraient de les renier. Les satellites les traitent alors de rebelles :

« — Tant que les cendres de votre chair et de vos os n'auront » pas été jetées au vent, nous ne laisserons point cette affaire de » religion. »

Conduits devant le chef des lamas, ramenés vers les satellites, les néophytes résistent courageusement à toutes les menaces. L'approche de la nuit fit remettre au lendemain la poursuite de l'affaire.

« Nous fîmes appeler, dit M. Durand, les principaux satellites et le vice-préfet, pour les prier encore de nous montrer l'édit. Nous eûmes même réponse que la veille. »

Le lendemain nouvelles menaces pour faire apostasier les chrétiens. Quelques-uns finirent par succomber à ces assauts redoublés ; les autres, espérant trouver un refuge dans les vallées désertes, prirent la fuite.

La présence des deux Missionnaires à Men-Kong devenait inutile. M. Fage reprit le chemin de Bonga, et M. Durand rentra dans sa pagode, avec la pensée de compléter l'instruction de ses

bonzes, et de catéchiser en secret les pauvres apostats : car tous vinrent protester que, s'ils avaient feint d'abandonner la religion, c'était pour donner le change à l'autorité, et soustraire leurs familles à la ruine : « ils seraient, ajoutaient-ils, toujours chré-
» tiens dans le cœur, et se déclareraient publiquement tels, dès
» que les circonstances le permettraient. »

Mais le lendemain du retour de M. Durand à Tsa-Dam, parut un édit portant défense aux villageois voisins de la pagode d'avoir aucun rapport avec le Missionnaire, et même de lui vendre des vivres ; défense en outre aux lamas chrétiens d'aller dans leurs familles, et à leurs familles de les recevoir. Se résigner à ce blo-cus, c'était se résigner à mourir de faim ; M. Durand ouvrit l'avis de gagner Bonga, et chacun fit ses préparatifs de départ. Sur ces entrefaites, deux satellites se présentèrent à Tsa-Dam.

« Au comble de l'épouvante, dit encore M. Durand, les pau-vres lamas viennent me prier de les secourir. Je demande au *besset* (bailly) du village ce que veulent ces satellites.

« — Parler d'impôts avec les lamas, me répond-il.

» — Oui, oui, je comprends : ils veulent les conduire au chef-
» lieu pour les faire apostasier. Va leur dire qu'ils paieront l'im-
» pôt avec tout le monde, mais que, pour le moment, on ait à
» les laisser tranquilles. »

» Quelques instants après, le besset revient avec les mêmes ordres. Même réponse.

« — Les lamas n'iront pas. »

» Craignant une troisième sommation, je dis à mes bonzes de prendre la fuite pour échapper à la violence. Il était nuit, mais il faisait un beau clair de lune ; l'occasion était favorable, il fal-lait en profiter.

» A peine étaient-ils partis, que le besset se présentait, muni cette fois d'un écrit portant le sceau du prétoire.

« — Cette affaire ne me regarde pas, lui dis-je après l'ins-
» pection du papier : ce n'est pas à moi de payer les impôts.

» — En effet, répond-il, c'est aux lamas qu'on m'a ordonné de
» m'adresser.

» — Eh bien ! va les chercher. »

» Le besset alla rendre compte de l'insuccès de sa mission, et les satellites, fatigués d'attendre, prirent le parti de continuer leur route.

» J'étais content de savoir mes lamas en marche pour Bonga,

et délivrés enfin de leurs perpétuelles frayeurs : car il faut vous dire qu'ils allaient chaque soir se cacher dans la montagne, me laissant seul dans la pagode avec un vieux Thibétain. »

Deux jours après le départ des lamas, M. Durand quitta lui-même la pagode ; mais ce fut pour aller à Aben remplacer M. Goutelle, qui se rendait à Kiang-Ka.

De tout ce qu'on vient de dire, faut-il conclure que la situation du Thibet, au point de vue chrétien, est désespérée ? Les enfants de l'Eglise n'ont point de ces pensées-là. Au Thibet, plus qu'ailleurs peut-être, il y a lieu, au contraire, d'avoir confiance. L'opposition ne vient pas des masses populaires : elle vient du mauvais vouloir de quelques mandarins chinois, et de l'incurie d'un plus grand nombre ; elle vient surtout des lamas pour qui la lutte contre le catholicisme est une question de vie et de mort. Mais le peuple sent le joug, et il en est las.

« Il est tout prêt à embrasser une religion dont la morale douce et pure va bien à son caractère, écrivait M. Durand (lettre du 11 octobre 1863). Une longue expérience a enfin prouvé à ce peuple que les dépenses et les fatigues qu'il s'impose pour l'entretien des lamaseries, et pour de dangereux pèlerinages à travers les neiges et les montagnes, n'aboutissent qu'à le ruiner. Il comprend même la vanité de ses superstitions journalières, et il serait heureux de diriger vers un but plus noble son penchant pour les pratiques religieuses. Que de fois ne l'avons-nous pas vu rire des bizarres superstitions qu'il fait par habitude, et souvent par contrainte ! Et combien de lamas nous ont avoué la fausseté de leurs croyances ! Nos plus grands ennemis du Tsa-Rong (les lamas de Ter-Ghi) nous disaient encore dernièrement :

« Votre religion est la vraie ; mais nous n'aurons pas de quoi » manger, si nous laissons le peuple la suivre. »

» Douleur poignante pour un Missionnaire, de ne pouvoir conduire à la vérité des masses entières qui aspirent à la posséder !... Et que faudrait-il pourtant ? garantir ces masses contre la crainte de la force brutale, en obtenant pour elles la liberté de suivre leur attrait. La Chine nous obtiendra-t-elle cette liberté ? C'est le plus grand de nos souhaits ; mais nous n'osons l'espérer, à moins d'un acte d'énergie auquel elle ne paraît guère disposée, et dont elle n'est peut-être pas capable. Voici d'ailleurs ce que pense le général Trémeum-Tssé, personnage haut placé à la cour de H'Lassa, homme d'une grande expérience dans les affaires civiles et militaires, et qui a pour frère un des *Ka-leuns* ou ministres du roi. Ce général, envoyé l'année dernière pour traiter notre procès, nous disait avec franchise :

« — Tant que vous n'agirez que par l'intermédiaire de la » Chine, il vous sera difficile de réussir au Thibet. Il faudrait que » votre empereur fît un traité avec nous : c'est l'unique moyen » de nous entendre. »

XXI

Persécution (suite).

Au commencement de 1864, la situation, loin de s'améliorer, devenait pire. Les lamas avaient profité de l'arrivée d'un mandarin extraordinaire au chef-lieu du Tsa-Rong, pour faire subir aux Missionnaires toutes sortes de vexations. Ce mandarin, envoyé par les ministres de H'Lassa dans le but de recueillir les impôts de guerre, circonvenu et corrompu par les lamas, n'oublia rien pour forcer les chrétiens à l'apostasie. Il envoya des ordres par écrit, et des satellites à plusieurs reprises. « Toujours à notre poste, écrit l'abbé Durand du village d'Aben, nous exhortons nos chrétiens à ne tenir aucun compte des ordres, et quand les satellites arrivent, nous donnons, chacun de notre côté, le signal de la fuite ; nos villageois se dispersent sur les montagnes et nous nous réservons le soin de faire face aux dangers.

» Il y a quelques jours à peine, arrivèrent sur le soir, ici, des cavaliers, envoyés du dhéba, dont l'un était son homme d'affaires. Le village fut tout en émoi ; chacun se hâte de mettre sous ma garde ses objets les plus précieux ; puis vieillards, femmes, enfants, tous prennent le large et gagnent lestement la montagne ; ma paroisse était complètement déserte. Les cavaliers frappent à ma porte, et je m'empresse de leur faire donner par mes gens, un logement ; je me présente moi-même ensuite, et m'enquiert du motif de leur voyage. — C'est pour faire apposer le sceau du village sur un écrit qu'a fait le grand mandarin, et par lequel tous les habitants du Tsa-Rong s'engagent à être fidèles au roi et à se conformer aux coutumes du pays. — Pour la fidélité au roi, répondis-je, nos chrétiens sont plus disposés que jamais à la promettre ; quant aux coutumes du pays, parce que vous comptez la religion parmi ces coutumes, ils ne signeront jamais un engagement qui serait un acte d'apostasie. — Mais les ordres du grand mandarin sont excessivement sévères, et refuser d'obéir, c'est la rébellion. — Non, dis-je, non ; la rébellion consiste à méconnaître le roi dans les choses temporelles ; et la religion regarde la conscience. Du reste, nous avons des écrits en bonne et due forme des empereurs de France et de Chine, qui permettent de se faire chrétien à quiconque en aura le désir, et si vous méprisez ces édits, en maltraitant nos chrétiens ou en les forçant à l'apostasie, vous êtes rebelles vous-mêmes. — Il nous faut le sceau du village, vous disons-nous ! — Eh bien ! Allez le prendre, répondis-je tranquillement. — Déconcertés par cette réponse, ils se radoucirent, et me prièrent de leur donner au moins un écrit quelconque, dans le sens qu'ils avaient indiqué. — D'écrit pareil, vous n'en aurez jamais : si vous en voulez un, laissez-le moi faire comme je l'entendrai. Sur ce, je sors, et fais immédiatement transcrire un engagement préparé d'avance, dans lequel le village déclarait formellement qu'il n'abandonnerait jamais la religion chrétienne; puis j'y appose le sceau que j'avais entre les mains. Force leur fut de recevoir l'écrit et de retourner ainsi auprès de leur chef. Une lettre nouvelle arrive bientôt qui réclame encore l'apostasie sous peine d'avoir la tête tranchée. Ces scènes se renouvellent plusieurs fois la semaine. Si l'autorité supérieure ne vient pas à notre secours, notre séjour ne sera pas long ici : la mort ou l'expulsion, voilà toute notre perspective d'avenir ; nous mettons en Dieu notre confiance. »

Le 18 février, l'abbé Durand disait : « Nos chrétiens continuent de venir prier ici, et je tâche de les instruire en attendant le dénoûment des affaires. Il est probable que, demain ou après-demain, j'aurai la visite du préfet qui vient, dit-on, avec des ordres impitoyables, forcer mes chrétiens à l'apostasie et me chasser moi-même, pour me conduire à Bonga avec défense d'en sortir. Je me propose de l'envoyer promener et d'attendre. Le 1er mars, le préfet était à Aben, ordonnant à notre besset, sous peine de mort, d'obtenir promptement un acte d'apostasie. En cas de refus, ordre est donné d'exterminer tous les chrétiens. Quant à moi, j'avais à me retirer à Bonga. Vous devinez ma conduite : j'ai répondu que j'avais le droit d'habiter partout où je voudrais dans le pays du Thibet, et que je restais à Aben, au milieu de mes chrétiens. Il nous reste à faire bonne contenance, et si les secours de Pékin tardent à venir, Mission et Missionnaires, tout va disparaître. »

Les prévisions de l'abbé Durand n'étaient que trop sûres. Dans la nuit du 19 au 20 juin 1864, les bonzes de Men-Kong, chef-lieu du Tsa-Rong, envahirent les trois villages chrétiens qui restaient encore. Ils garottèrent les principaux des néophytes, les battirent, et les menèrent au chef-lieu pour y être emprisonnés, et, de là, conduits devant les autorités supérieures. Le chef d'une petite lamaserie, où l'abbé Durand avait reçu l'hospitalité deux ans auparavant, fut arrêté aussi et plus maltraité que les autres. Un des Missionnaires, chez qui il passait pour se rendre à Bonga, et qui voulut essayer de le défendre, reçut un coup de pilon sur la tête. Pendant plus de deux mois, les néophytes furent tourmentés dans les prisons du chef-lieu : emmenés auprès d'un des quatre ministres de H'Lassa, celui-ci les a retenus dans les fers jusqu'au mois de mai 1865.

Après cette catastrophe, qui fut bientôt suivie de l'apostasie des trois villages, les Missionnaires se tenaient enfermés à Bonga. Malheureusement pour eux, le ministre de Pékin déclara officiellement que le Thibet n'était pas compris dans le traité passé entre la France et la Chine, et dès lors, ils n'eurent plus qu'à attendre la ruine complète de leur mission. Aussi vint-on bientôt leur annoncer que les bonzes voulaient les assassiner. Il leur fallut chercher asile du côté du Sud, chez ce même lama qui avait jadis protégé M. Renou dans des circonstances à peu près semblables. Après un séjour de six mois dans cette lamaserie, ils purent, sans trop de danger, revenir à Bonga.

L'abbé Durand était alors à deux jours de Bonga, dans une petite chrétienté chinoise appelée Kia-Na-Tong. Il y fut retenu trois mois encore, attendant que la montagne devint libre par la fonte des neiges.

C'est de là qu'il écrivait à M. Rivière : « Tout ce qui nous environne est bien triste : là où l'on entendait retentir en chœur le chant cadencé des voix thibétaines récitant nos saintes prières, on n'entend plus que le murmure rauque et sinistre des lamas.

A la place du signe de notre Rédemption, ne flottent plus que des banderoles diaboliques sur leurs mâts superstitieux. Si l'enfant, par une habitude naturelle à son âge, se prend à réciter encore quelqu'une de nos prières, sa mère a ordre d'étouffer sur ses lèvres cette voix innocente. Ceux qui se plaisaient à nous saluer comme leur père, doivent éviter notre rencontre ; malheur à ceux qui auraient l'imprudence de nous adresser la parole ! ils seraient accusés et punis de mort. Si la France ne prend pas une autre attitude, nous serons infailliblement ou chassés ou mis à mort : à la grâce de Dieu !! »

Le 15 septembre 1865, treize jours à peine avant sa mort, l'abbé Durand écrivait à Mgr Thomines Desmazures une lettre que ce saint Évêque déclare être pour lui comme une relique de grand prix. Après lui avoir exprimé le regret et la tristesse profonde que lui causait leur séparation sur la terre, l'abbé Durand présageait ainsi la désolation de la Mission du Thibet : « MM. Fage et Dubernard ont été chassés de Kiang-Ka, il y a deux mois. Inutile de rappeler à Votre Grandeur la cause directe à laquelle nos confrères doivent cette expulsion. Si nous sommes encore à Bonga, H'Lassa a voulu sans doute attendre... C'est un reste de respect pour les formes qu'on veut avoir l'air de garder en nous expulsant. Du reste, notre séjour ici ne sera pas de longue durée ; car il vient d'arriver à Men-Kong, notre chef-lieu, cent soixante bonzes de H'Lassa, qui, sous prétexte de réconcilier les deux lamaseries de Pé-Ton et de Ter-Ghi, viennent en réalité pour en finir avec Bonga et vider ainsi définitivement le Thibet des prédicateurs d'une religion qui leur fait tant d'ombrage. Je crois que dans un mois d'ici, et peut-être dans quelques jours, pas un de nous ne restera au Thibet. Quant à notre petite chrétienté de Kia-Na-Tong, il est sûr qu'elle aura le sort de Bonga. Demain je partirai pour Tcha-Mou-Tong, afin de savoir quelle est la teneur des ordres que le Lamas a reçus contre nos chrétiens chinois, et surtout de le sonder sur ses intentions. C'est indispensable pour prendre des mesures qui abritent, et nos Thibétains et nos Chinois. Et encore pourrons-nous les prendre à temps ? A la grâce de Dieu ! »

XXII

Martyre de l'abbé Durand.

Plein de sollicitude et de dévoûment, notre cher Missionnaire cherchait à prévenir la catastrophe imminente, prête à fondre sur les pauvres chrétiens. Pour lui, il ne s'en inquiétait nulle-ment. Sans soupçonner qu'il devait en être la première victime, il pensait à utiliser au profit de la science, les jours et les loisirs qu'il plairait à Dieu de lui donner, et priait Mgr Thomines de lui envoyer de France les tables et les documents qui pourraient le mettre à même de déterminer, par des observations astrono-miques, les positions géographiques d'un pays d'où le Mission-naire allait être exclu. Mais Dieu, dans son infinie miséricorde, en avait disposé autrement. Non, le Missionnaire ne sera pas exclu de cette terre qu'il ambitionnait d'acquérir à Jésus-Christ. Il restera là ; et sa dépouille mortelle en prendra possession. Son sang sanctifiera le fleuve sur les bords duquel croîtront un jour les roses du martyre et les lis de la pureté ; son corps fécondera ce malheureux pays et lui fera produire des fruits de grâce et de sainteté, tandis que son âme, au ciel, unira la voix de ses souf-frances terrestres à celle de la Reine des Martyrs, et sollicitera pour les persécuteurs, le pardon ; pour les néophytes, la persé-vérance ; pour le Thibet tout entier, la conversion.

Mgr J.-M. Chauveau, vicaire apostolique du Thibet, a rendu compte lui-même, des dernières luttes qui ont signalé le séjour de nos Missionnaires au Thibet. Sa lettre est datée de Ta-Tsien-Lou, le 3 janvier 1866.

« Transféré de la terre chérie du Yun-Nan au Thibet, par la volonté de Celui devant qui toute volonté doit s'incliner dans l'Eglise, je suis arrivé heureusement à mon poste le 21 décem-bre 1864. Je ne pouvais me faire illusion jusqu'à espérer que je trouverais en paix le troupeau confié à mon inexpérience plus encore qu'à ma sollicitude ; mais je ne pensais pas que ma première lettre dût vous annoncer une gloire nouvelle pour la

Mission, gloire achetée au prix du sang, ni une de ces douleurs à travers lesquelles le ministère évangélique doit se continuer parmi les hommes.

» Il ne faut pourtant pas s'en étonner. Les outrages, le pillage, les incendies et les meurtres, qui désolaient certaines contrées de l'empire, devaient naturellement se reproduire dans ces pays éloignés, où l'autorité chinoise est fort compromise et beaucoup plus contestée qu'ailleurs. Cent et cent fois le bruit avait couru que les Missionnaires et les chrétiens seraient chassés du Thibet. Nous prenions ces rumeurs pour un vain épouvantail, et nos courageux confrères continuaient leurs travaux avec le calme et la modération qui sont la garantie des succès durables. Mais l'heure des épreuves, c'est-à-dire de la justice et de la miséricorde, allait sonner pour le Thibet. »

Pour échapper aux vexations journalières dont ils étaient l'objet, les chrétiens s'étaient réfugiés auprès des Missionnaires, dans les établissements de Bonga, de Kiang-Ka et de Kio-Na-Tong. Mais, en attendant l'heure où ces refuges seraient eux-mêmes violés, les lamas eurent recours à un moyen qui leur avait déjà réussi : ils firent le vide autour des chrétiens pour les affamer. Défense rigoureuse fut faite aux Thibétains d'avoir avec eux aucune communication. Ce fut au milieu de ces anxiétés que s'écoula la première moitié de l'année 1865. Les Missionnaires eurent cependant la consolation de baptiser deux adultes, de recevoir cinq cathécumènes, d'en préparer quatre autres, et de régénérer sept enfants d'infidèles en danger de mort.

A ces débuts, où l'astuce dominait encore la violence, succéda une guerre ouverte sur tous les points à la fois. Vers les derniers jours du mois de juin, pendant que tous les chrétiens faits prisonniers l'année précédente étaient décapités à Konguieur, au centre du Thibet; pendant qu'on chassait de Kiang-Ka MM. Fage et Dubernard, et qu'on traquait à Kio-Na-Tong MM. Durand et Alexandre Biet, Bonga était envahi par la force armée.

« Le 29 juin, écrit M. Félix Biet, arrive à la tête de cinquante à soixante hommes Rodong-Tséouang, l'homme d'affaires des lamas, nos ennemis, et le bourreau des chrétiens. C'est lui qui répète depuis un an : « J'irai à Bonga tuer les maîtres de religion » et brûler leurs maisons. » Bientôt une nouvelle bande se présente, et dans la soirée tous ces envahisseurs prennent des dispositions plus hostiles. Les chrétiens se sauvent vers les montagnes, il ne reste avec nous que les infirmes et les enfants.

» M. Desgodins et moi, nous nous confessons mutuellement à deux heures du matin, décidés à nous laisser égorger. Les jours suivants se passent dans les mêmes alarmes; une partie de la moisson est ravagée, et les visiteurs se succèdent, ne nous épargnant ni les insultes ni les outrages... Nous sommes dans la plus grande misère; il faut moudre au jour le jour des grains pour notre nourriture, celle des enfants et des fugitifs. Qu'arrivera-t-il?... Si vous n'entendez plus parler de nous, vous saurez où nous sommes, la *porte rouge* se sera ouverte : nous aurons cueilli la palme du martyre. »

» Le 3 juillet, la foule se dissipa, et il se fit un peu de calme: c'était le calme précurseur de l'orage. Le 6 septembre, M. Félix Biet écrivait encore : « De tous côtés on nous affirme que la destruction de Bonga a été décrétée par les trois grandes lamaseries de H'Lassa. Nous ne pouvons que prier et attendre. »

» Le 29 septembre, une bande armée, forte de cinq à six cents hommes, se présente devant la maison de Bonga. Un coup de fusil, tiré vers les cinq heures du matin, donne le signal convenu. La maison est cernée, emportée sans combat ; portes, fenêtres, tables, bancs, planchers, ustensiles de ménages, tout vole en éclats; les chrétiens sont liés, battus, foulés aux pieds; on n'épargne ni le sexe ni l'âge; les plus petits enfants même sont brutalement frappés comme leurs mères. MM. Desgodins et F. Biet sont gardés à vue dans un appartement séparé, et le plus affreux désordre règne dans l'asile de la paix. Après plusieurs jours d'explications, d'invectives et de violences, tous les chrétiens sont chassés, le feu dévore la maison et ses dépendances, et la magnifique récolte qu'on se préparait à cueillir est détruite. De Bonga, qui fut une terre française à titre de propriété, il ne reste plus que des ruines et un lamentable souvenir.

» La veille, deux autres Missionnaires, MM. Durand et Alexandre Biet, se trouvaient à treize lieues environ de Bonga, au petit village de Kio-Na-Tong. Une cinquantaine de Thibétains, flanqués de Chinois déguisés, s'avancèrent vers leur résidence. Les détonations lointaines des armes à feu, répétées par l'écho des montagnes, annonçaient l'arrivée de l'ennemi. Quelques Chinois voulaient se défendre; pour six combattants, il y avait deux sabres et deux fusils, mais point de poudre. La résistance était impossible,

7

et d'ailleurs les Missionnaires se refusaient à en entendre parler. Il fut résolu qu'on prendrait la fuite dans différentes directions. Les deux prêtres se donnèrent mutuellement l'absolution : moment solennel ! c'était, une séparation pour la vie. A parler humainement, M. Biet fut le plus heureux : il échappa aux meurtriers, arriva sur les deux heures du matin au village d'Ou-Ly, et se réfugia plus tard à Tcha-Mou-Tong, d'où il nous écrivait tous ces détails, dans un état de santé déplorable, et souffrant cruellement d'un pied.

» M. Durand, jeune et plus fort que M. Biet, arriva le premier au pont coulant du Lan-Tsan-Kiang, suivi seulement de quelques chrétiens. Il eut la générosité de les faire passer d'abord, se réservant l'honneur et le danger de passer après tous les autres. Il s'attache lui-même à la longue corde de bambou jetée sur la largeur du fleuve et s'élance. Il glisse le long de la corde avec toute la rapidité que le poids du corps imprime à la course, lorsque ceux qui le poursuivaient apparaissent sur la rive. Au même instant deux coups de feu se font entendre..... Atteint à la poitrine et à la gorge, M. Durand perd connaissance, ses mains lâchent la poulie, et son corps disparaît sous les flots. Un chrétien reçoit deux balles à la tête, un autre, une balle au bras ; un troisième est précipité, pieds et poings liés, dans le fleuve.

» Après vingt-deux jours, on retrouva le corps de M. Durand près d'Ou-Ly, à une lieue de l'endroit où il avait été précipité dans le fleuve. Il était à peine défiguré. M. Biet le revêtit d'un ornement rouge et blanc, symbole du martyre et de la virginité, et l'enterra sur le territoire du Yun-Nan, avec les bons offices de quelques chrétiens chinois et du chef lama de Tcha-Mou-Tong, lequel a tendu aux Missionnaires une main amie dans tous leurs malheurs.

» Ainsi est mort, à l'âge de trente ans, M. Gabriel-Marie-Pierre Durand, du diocèse de Montpellier. Ses talents peu ordinaires donnaient à penser que Dieu lui destinait une carrière brillante dans les Missions [1]. Cette attente n'a pas été trompée ;

[1] Les *Etudes religieuses, historiques et littéraires,* rédigées par des Pères de la Compagnie de Jésus faisaient grand cas du talent de M. Durand. Elles en espéraient pour la science ce que Mgr Chauveau en présageait pour les Missions. « L'accueil empressé, disaient-elles au mois de février dernier, fait par les savants aux notes de Mgr Thomines Desmazures, présage le même accueil aux lettres de ses coopérateurs, principalement à celles de M. Durand, qui se trouvent imprimées ou analysées dans les derniers numéros des *Annales de la propagation de la foi.* » Les *Etudes* donnent ensuite à leurs lecteurs une idée de ces pièces importantes.

la Providence lui réservait la plus grande de toutes les gloires, la gloire du martyre.

» Dans notre affliction il nous est doux de penser que, si nous avons perdu un ami sur la terre, le Thibet persécuté compte au ciel un protecteur de plus. »

XXIII

Le culte du Martyr, à Nimes

« Pourquoi ces chants funèbres ! pourquoi ces vêtements et cet appareil de deuil sous les voûtes de cette Cathédrale ? Et en même temps, pourquoi, dans tous les cœurs, ce sentiment de consolation en face d'un tombeau, de triomphe au souvenir d'une mort obscure aux yeux des hommes ?

» Voilà un des plus beaux mystères de l'Eglise : elle s'afflige moins de la perte d'un de ses enfants et d'un de ses plus vaillants ouvriers, qu'elle ne se réjouit d'une allégresse immortelle en posant à la fin du jour, sur le front d'un soldat vainqueur, une de ses couronnes impérissables. »

Ainsi parlait, comme autrefois Cyprien devant les restes des martyrs de Carthage, le R. P. d'Alzon, en face d'un monument funéraire, érigé dans la cathédrale de Nimes à la mémoire de Pierre-Gabriel-Marie Durand, mis à mort au Thibet en haine de la foi, et qu'un Missionnaire obscur, persécuté, proscrit avec lui et comme lui, ensevelissait quelques mois auparavant sur la rive d'un fleuve de Chine.

Les *Annales de la propagation de la Foi* venaient d'annoncer et de raconter aux fidèles de France la mort de notre cher ami. Aussi délicat dans sa tendresse qu'il est vaillant dans le combat, non moins admirable par la simplicité de sa foi qu'il ne l'est par l'éclat de ses œuvres, l'Evêque de Nimes, Mgr Plantier s'empresse de rendre à cette glorieuse mémoire les honneurs d'une cérémonie religieuse et de répandre, sur la tombe ignorée d'un

Missionnaire, élevé jadis dans les Séminaires de son diocèse, les prières de la sainte Eglise romaine.

Mgr Thomines Desmazures, qui avait indirectement appris le projet de Monseigneur de Nimes, ne put contenir sa joie et il écrivait au père de l'abbé Durand : « Je me joins à vous pour rendre grâces à Dieu de l'insigne faveur qu'Il a accordée à votre fils, notre cher et bien-aimé confrère,..... *dont le nom sera, nous l'espérons, inscrit un jour parmi ceux que la sainte Eglise honore.* Je désire aussi que vous veuillez faire parvenir à Mgr l'Evêque de Nimes, pour lequel je me sens une vénération toute particulière, avec l'honneur de mon profond respect, mes sincères remercîments pour la solennité qu'il se propose de donner à la cérémonie plus heureuse que funèbre dont notre cher Gabriel doit être l'objet. ».

Si agréable à l'ancien vicaire apostolique de notre cher Martyr, la pensée de Monseigneur de Nimes ne trouva pas moins d'écho dans le cœur de son clergé et de son peuple. La famille de l'abbé Durand, arrivée de Lunel tout entière pour assister à la cérémonie, a pu voir qu'aux prières de notre Evêque avaient voulu s'unir celles de tout le clergé de sa ville épiscopale, des diverses corporations religieuses, d'un grand nombre de prêtres venus de divers points du diocèse de Nimes ou du diocèse de Montpellier.

Groupés autour du monument, priaient encore avec l'Evêque et le clergé, les élèves du Grand-Séminaire, ceux du collége Saint-Stanislas, la maison de l'Assomption tout entière. Le Petit-Séminaire lui-même envoya, de Beaucaire, une députation de ses professeurs et de ses élèves, et la Cathédrale ne put point suffire à la multitude des fidèles qui essayait de pénétrer dans son enceinte.

C'est devant cet auditoire pieux, recueilli, compacte que le R. P. d'Alzon prononça cette belle homélie qu'il a, en témoignage de sympathie, dédiée aux élèves des deux séminaires de Beaucaire et de Nimes. « Puisse, dit-il, le souvenir d'un prêtre Missionnaire et Martyr, qui grandit sous leur toit et vécut de leur vie, accroître dans leurs âmes la fidélité à leur vocation et l'amour envers Jésus-Christ et l'Eglise ! »

Après avoir montré dans l'abbé Durand toutes les vertus apostoliques : la fidélité à la vocation, l'obéissance aux Supérieurs, la persévérance à la peine, le zèle pour le salut des âmes et l'amour de N. S. J.-C., il indiqua, dans une page magnifique, comment on devait garder soigneusement ces dons précieux à l'abri de toute injure, proposa l'abbé Durand pour modèle, et enfin émit un vœu qu'il donna comme sien, mais que chacun était heureux de trouver au fond de sa propre âme.

« Par quels moyens, dit-il, conserver ces grâces de Dieu dans des vases d'argiles si faciles à briser ?.....

» Ah ! voici le mystère : oui, la faiblesse humaine est là ; la prière est là aussi, pour demander le pardon de nos fautes, l'affranchissement des tentations. Mais, pour l'homme apostolique, il y a plus. Jésus l'a lavé dans son sang divin ; l'Apôtre y joindra, s'il le faut, le sien propre, quelquefois par le désir seulement, comme François-Xavier ; mais d'autres fois aussi son sang lui sera demandé, comme il le fut à Gabriel Durand. Et quand le Martyr a versé son sang uni à celui de Jésus, pour la dernière purification de son âme, quand il a donné cette preuve, de toutes la plus grande, de son amour, est-ce que le feu de la charité n'a pas consumé jusqu'aux moindres taches ? Que peut-il faire de plus, après avoir vécu pour son Dieu, que de mourir pour lui ?

» Et telle est, mes Frères, la gloire de celui pour qui nous invoquons en ce moment, avec une confiance si douce, la miséricorde de Dieu. *Peut-être bientôt l'invoquerons-nous à son tour ;* cependant il est des hommages qu'il est dangereux de hâter. Attendons avec espérance les sages lenteurs de l'Eglise. Elle sait que, pour elle, la prudence est la première des lois. Mais si notre Mère est prudente, il n'est pas défendu à ses enfants de lui présenter avec respect de légitimes désirs.

» Pour moi, Monseigneur, s'il m'était permis d'exposer mes vœux à Votre Grandeur, j'oserais vous dire : « Le sang des Martyrs a toujours été une semence de chrétiens, il a été aussi une semence de saints prêtres. Pourquoi tandis que votre diocèse d'origine va fournir probablement un nouveau modèle au clergé dans la vénérée figure du Curé d'Ars, ne solliciteriez-vous pas, pour les élèves du sanctuaire de Nîmes, la permission de leur offrir un modèle plus humble, plus caché, qui nous serait peut-être plus précieux à cause de son obscurité même ? Il serait plus nôtre, et nos jeunes générations sacerdotales comprendraient mieux qu'il n'est pas nécessaire de remplir le monde du bruit de son nom, pour être un Apôtre et un Martyr, pour être au moins un saint prêtre, faire beaucoup de bien et mériter une magnifique couronne.....

» En offrant la mémoire de Gabriel Durand, comme un enseiseignement et comme un modèle consacré, aux élèves de vos Séminaires, que de vocations ne surgiront pas, ou ne se développeront pas, avec une flamme plus vive, dans l'obéissance, la persévérance, l'amour de Jésus-Christ et des âmes, l'ardeur des grands dévoûments et des saintes immolations ! »

Après ce premier tribut de solennels honneurs rendus à la mémoire de notre cher Martyr, les amis de l'abbé Durand ont voulu acquitter, d'une manière plus humble et plus cachée, mais non moins pieuse, la dette de leur amitié. Une neuvaine de messes a été dite par eux ; et il était bien édifiant de voir l'église Saint-Charles, où deux des condisciples de l'abbé Durand sont vicaires, le mardi de chaque semaine, pendant neuf semaines consécutives, se remplir de fidèles, tout heureux de faire la sainte communion pour le repos de l'âme de l'abbé Durand, ou pour mieux dire peut-être, en actions de grâces de son martyre.

Obéissant à l'inspiration de son cœur et de sa foi, M. Beaudassé, curé de Lunel, se propose de célébrer l'anniversaire de cette glorieuse mort avec toute la solennité qui lui convient; fière, dans ces temps malheureux, d'avoir donné à l'Eglise romaine, un apôtre et un Martyr, l'Eglise de Lunel, à qui l'abbé Durand appartient en propre, ne veut pas rester en arrière de l'Eglise de Nimes, pour laquelle après tout l'abbé Durand n'était qu'un fils adoptif.

XXIV

Conclusion.

Aux hérétiques de son temps, qui se faisaient tuer pour l'erreur, et à tous ceux qui revendiquaient pour eux les honneurs du martyre, saint Augustin parlait à peu près en ces termes :

« Que personne ne s'exalte et ne se glorifie des souffrances qu'il endure ! Il faut d'abord montrer la vérité de votre témoignage.

Vous m'étalez le tableau de vos supplices, et moi, je n'en recherche que la cause ! vous vous écriez : j'ai souffert ! et je réponds : pourquoi avez-vous donc souffert ?... Si, pour reconnaître le martyr, il fallait ne regarder qu'aux souffrances, Satan lui-même prétendrait à la couronne et revendiquerait la gloire ; qui souffre plus que lui ? en a-t-il pour cela mieux le droit de dire : Je suis martyr ! voyez combien je souffre ! Non.... Homme de Dieu, choisissez d'abord votre cause, et pour elle marchez ensuite à la mort ! Si votre cause est bonne, après le supplice vous recevrez la couronne ! »

« Vous ignorez, ajoutait-il, par un aveuglement étrange, ou du moins, dans votre fanatisme coupable, vous affectez d'ignorer que ce n'est point le supplice qui fait le martyr, mais bien la cause pour laquelle on l'endure [1]. »

Cette cause est clairement marquée dans nos saints livres : les vrais martyrs sont les fidèles dont le Seigneur a dit : Bienheureux sont ceux qui souffrent persécution pour la justice ! (Matth. v. 10).

« Que de fois en effet, les Martyrs, dans leurs prières, ne se sont-ils pas écrié : *Judica me, Deus, et discerne causam meam.* Jugez-moi, ô Dieu, et discernez ma cause ! et la cause des Martyrs a été discernée en effet ; c'est pour la vérité, c'est pour la justice, c'est pour Dieu, c'est pour le Christ, c'est pour la foi, c'est pour l'unité de l'Eglise, c'est pour la charité que les Martyrs ont combattu et qu'ils sont morts..... »

« Oui, dit encore saint Augustin, pour confirmer la prédication de son nom, le Seigneur, notre Dieu, livre aux mains des persécuteurs la chair de ses apôtres, mais il enferme leur âme dans la forteresse de leur liberté, et tandis que leur chair est meurtrie et martyrisée sous la main du bourreau, leur âme affirme et proclame la vérité de Dieu ! »

Le martyre est donc, d'après la doctrine de saint Augustin, et comme semble le définir saint Thomas, un acte de vertu par lequel on demeure inébranlable dans la vérité et la justice, en dépit des persécutions. Mais il appartient à l'essence du martyre que les peines, endurées pour la justice et la vérité, aillent jusqu'à la mort. Les tortures, même les plus cruelles, sans la mort, ne

---

[1] Martyrem non pœna, sed causa fecit ; pœna est communis latroni et martyri, hæretico et catholico, sed causa dispar. (S. A. Concil. 2 in Ps. 24.)

constituent pas proprement le martyre [1] ; mais la mort au contraire, ne serait-elle accompagnée d'aucun tourment, pourvu qu'elle soit subie, et qu'elle le soit pour la vérité, suffit pour ce grand témoignage [2].

Martyr en général signifie témoin, et dans le sens de l'Eglise, témoin de la foi chrétienne. Or cette foi chrétienne peut se résumer dans une vérité unique, à savoir que les biens visibles de ce monde ne sont que de vil prix comparés aux biens invisibles.

Aussi, quand vous êtes devant un homme qui a sacrifié pour les biens invisibles, c'est-à-dire pour Dieu, les biens de la fortune : — richesses, honneurs, réputation, gloire, pouvoir, et les biens du corps, santé, force, repos, beauté, plaisirs, certes vous avez devant vous un grand témoin ! Cependant, il n'est pas martyr de la foi chrétienne ! Pourquoi ? parce qu'il lui reste un bien visible, l'union de son âme avec son corps, c'est-à-dire, la vie, et tant que, pour la foi chrétienne, il n'aura pas donné ce seul bien qui lui reste, il ne sera pas prouvé que ce bien là au moins ne soit pas préféré par lui aux biens même de l'éternité : pour enlever toute incertitude, ce témoin a besoin de mourir. Quand il est mort au contraire, il a livré, avec sa vie, tous les autres biens visibles et son témoignage est complet : ce témoin est un martyr ; il a donné les deux plus grandes marques d'amour; pour Dieu, il a méprisé ce qu'il aimait le plus nécessairement, la vie, et il a choisi ce qu'il détestait le plus profondément, la mort : *Majorem charitatem nemo habet quam ut animam suam ponat quis pro amicis suis.* (Joan. xv.)

A la lueur de ces principes, encouragés d'ailleurs par les vœux du R. P. d'Alzon et par les espérances de Mgr Thomines, il nous a semblé que notre amitié ne serait pas téméraire en émettant le vœu à son tour que le nom de Gabriel Durand soit un jour un de ceux que la sainte Eglise honore. Gabriel Durand a pres-

---

(1) Qui tormenta passi sunt propter Christum, sed non usque ad mortem, non sunt perfecte et complete martyres.... quamvis tamen ob bonam martyrii partem sint et dicantur incomplete martyres, et quidam ex his ut martyres ab Ecclesia colantur. V. g. S. Joannes evang. (Billuart..... de Martyrio.)

(2) Est vere et proprie martyr qui, accepto propter Christum lethali vulnere,.... ex illo vulnere occumbit....

Idem dicendum si vulnus non sit ex se mortale, et tamen exinde mortem incurrat, modo non intercesserit negligentia mortalis in curatione.

Similiter, si ex carcere, exilio, inediâ, rapinâ bonorum, etiamsi sine vulnere, mors sequatur (Billuart... de Martyrio.)

senti, il a désiré, il a osé demander à Dieu la grâce du martyre, et s'il eut peur quelquefois des hardiesses de son amour, il ne put jamais extirper de son cœur cette douce espérance. « M. Huc est allé au Thibet et en est revenu, disait-il dans une conversation intime, presque à la veille de son départ de Nimes : moi aussi, j'irai au Thibet, mais je ne reviendrai pas. » Tant qu'il ne s'est pas agi du salut de la chrétienté du Thibet, l'abbé Durand a fait face aux persécuteurs ; cent fois, au péril de ses jours, il a confessé sa croyance et rempli tous les actes de son ministère. Enfin, il est mort ! et quand il est mort, il est tombé à une heure où il cherchait à abriter les chrétiens ! il est tombé sous le coup d'un ennemi qui n'en voulait qu'à sa foi ! Jugez-le donc, ô Dieu, et discernez sa cause : *Judica me, Deus, et discerne causam meam !!!*

FIN.

TABLE DES MATIÈRES.

Nimes. — Imprimerie LAFARE et ATTENOUX, place de la Couronne.